UTB 3000

W0046952

**Eine Arbeitsgemeinschaft der Verlage**

Böhlau Verlag · Wien · Köln · Weimar
Verlag Barbara Budrich · Opladen · Toronto
facultas.wuv · Wien
Wilhelm Fink · Paderborn
A. Francke Verlag · Tübingen
Haupt Verlag · Bern
Verlag Julius Klinkhardt · Bad Heilbrunn
Mohr Siebeck · Tübingen
Nomos Verlagsgesellschaft · Baden-Baden
Ernst Reinhardt Verlag · München · Basel
Ferdinand Schöningh · Paderborn
Eugen Ulmer Verlag · Stuttgart
UVK Verlagsgesellschaft · Konstanz, mit UVK / Lucius · München
Vandenhoeck & Ruprecht · Göttingen · Bristol
vdf Hochschulverlag AG an der ETH Zürich

Reiner Ruffing

# Michel Foucault

2., durchgesehene Auflage

Wilhelm Fink

Vom selben Autor: *Einführung in die Geschichte der Philosophie* (UTB 2622), *Einführung in die Philosophie der Gegenwart* (UTB 2675), *Philosophie basics* (UTB 2824).

Umschlagabbildung: *Roy Boshi, 2006, lizensiert unter Wikimedia Commons*

Bibliografische Information der Deutschen Nationalbibliothek.

Die Deutsche Nationalbibliothek verzeichnet diese Publikation in der Deutschen Nationalbibliografie; detailliertere bibliografische Daten sind im Internet über http: //dnb.d-nb.de abrufbar.

2., durchgesehene Auflage 2010

© 2008 Wilhelm Fink Verlag, Paderborn
(Wilhelm Fink GmbH & Co. Verlags-KG, Jühenplatz 1, D-33098 Paderborn)

Printed in Germany
Satz: Ruhrstadt Medien, Castrop-Rauxel
Layout & Einbandgestaltung: Atelier Reichert, Stuttgart
Herstellung: Ferdinand Schöningh GmbH, Paderborn

UTB-Band-Nr.: 3000
ISBN 978-3-8252-3000-5

# Inhalt

## Einführung

## Foucault im Profil

## Anhang:

*Denn Philosophie ist eine Bewegung, mit deren Hilfe man sich nicht ohne Anstrengung und Zögern, nicht ohne Träume und Illusionen von dem freimacht, was für wahr gilt, und nach anderen Spielregeln sucht.*
Michel Foucault

# Einführung

Das vorliegende Buch führt in das Denken des französischen Philosophen Michel Foucault ein. In der Einführung wird Foucaults Philosophie vor dem Hintergrund seiner Biographie vorgestellt. Der Leser kann sich darin einen Überblick zu seinem Leben und seiner Lehre im Ganzen verschaffen. Anschließend werden im Teil »Foucault im Profil« seine philosophischen Ideen im Einzelnen ausgeführt. Foucaults Oeuvre umgreift drei verschiedene Textsorten: *Von ihm selbst verfasste und edierte Bücher, Vorlesungen, die von anderen ediert wurden und schließlich ein riesiges Corpus aus kürzeren Abhandlungen, Gelegenheitsäußerungen und Interviews, die ebenfalls nicht von ihm selbst herausgegeben wurden.*[1] Diese Einführung stützt sich im Wesentlichen auf die von Foucault selbst verfassten und herausgegebenen Werke, um sie mit Erläuterungen aus den posthum veröffentlichten Vorlesungen zu ergänzen. Dazu werden insbesondere die vom Französischen Ministerium für Kultur unterstützten und von Daniel Defert und François Ewald editierten vierbändigen, alle kleineren Beiträge Foucaults enthaltenden *Dits et Ecrits* in der deutschen Übersetzung sowie die Veröffentlichungen der Vorlesungsreihen[2] am *Collège de France* herangezogen. In Sprache und Aufbau richtet sich der Band an Leserinnen und Leser, die einen ersten Einstieg in Foucaults Philosophie suchen. Die von ihm benutzten wichtigsten Begrifflichkeiten sind in einem Glossar, das als eine Art Leitfaden der Lektüre dienen kann, kurz erklärt.

Das Wort *Transformation* stammt aus dem Lateinischen und bedeutet soviel wie Umwandlung, Umformung, Umgestaltung, Übertragung. Michel Foucault hat es zur Wesensbestimmung der Philosophie gewählt. *Philosophie ist jene Verschiebung und Transformation der Denkrahmen, die Modifizierung etablierter Werte und all der Arbeit, die gemacht wird, um anders zu denken, um anderes zu machen und anders zu werden als man ist.*[3] Es gehe in der Philosophie weniger um die Aufdeckung von Wahrheiten weder im Subjekt noch in der Gesellschaft, sondern um eine Veränderung des Menschen und der gesellschaftlichen Verhältnisse. Dabei ließ Foucault wie schon zuvor Friedrich Nietzsche die Zielrichtung der Veränderungen bewusst offen um die Bedeutung von Experimenten, Entwicklungen, Verschiebungen hervorzuheben.[4] Für Foucault sitzt das Übel im Gleichen, in dem Wunsch und Bemühen, sich selbst und die Dinge festhalten zu wollen. Gegen ein Verharren im Identischen hob er die befreiende Wirkung von Veränderungen hervor:

Zitat

*Aber wer einmal in seinem Leben einen neuen Ton gefunden, eine neue Sichtweise, einen neuen Weg, etwas zu tun, der wird, glaube ich, niemals mehr das Bedürfnis verspüren, darüber zu lamentieren, dass die Welt ein Irrtum und die Geschichte voller inexistenter Dinge sei.* (DE IV, 137)

In seinem Werk hat Foucault zwei Thesen zu verdeutlichen versucht. Erstens, dass der Umgang mit demjenigen, was in einer Gesellschaft herabgesetzt wird (z. B. der Wahnsinn, die Kriminalität, die Sexualität), etwas Wesentliches über diese Gesellschaft selbst aussagt. Zweitens weist Foucault in seinen Arbeiten darauf hin, dass gesellschaftliche Praktiken wie die Gefängnisstrafe oder der Umgang mit der Sexualität, die von den meisten von uns als »natürlich« oder »selbstverständlich« eingeschätzt werden, Folgen einer ganz bestimmten historischen Praxis sind und verändert werden können. Seine Philosophie einer *kritische(n) Ontologie unserer Selbst* (DE IV, 706) verstand Foucault *als eine Haltung, als ein Ethos, als ein philosophisches Leben (...), bei dem die Kritik dessen, was wir sind, zugleich historische Analyse der uns gesetzten Grenzen und Probe auf ihre mögliche Überschreitung ist.* (DE IV, 706f)

Foucaults Werk wird in drei Phasen eingeteilt. Zunächst galt sein Interesse der Frage, welche Wissens- und Machtdiskurse für das Individuum nur ganz bestimmte Argumentationsmuster, Erkenntnisweisen und Redeformen – von ihm Diskurspraktiken genannt – zuließen. Dies wird seine *strukturalistische* oder auch seine *archäologische* Phase – mit Büchern wie *Wahnsinn und Gesellschaft, Die Geburt der Klinik, Die Ordnung der Dinge, Die Ordnung des Diskurses* und *Archäologie des Wissens* – genannt. In dieser ersten Schaffensperiode ging es Foucault um eine Analyse dessen, was in einer Epoche oder Gesellschaft gesagt und getan wird, um erkennen zu können, unter welchen ordnenden Regeln sie stehen. In einer zweiten Werkphase richtete Foucault sein Augenmerk auf die Ursprünge dieser historischen Diskurs- und Problemverschiebungen. In dieser – *Analytik der Macht* oder *genealogisch* genannten Periode – spielte die Analyse der auf die Körper ausgeübten Disziplinarmächte die wichtigste Rolle: Gefängnismacht, Normalisierungsmacht, Macht der Psychiatrie. Werke dieser Zeit sind *Überwachen und Strafen, Dispositive der Macht* und *Mikrophysik der Macht*. Schließlich befasste sich Foucault in einer *Ästhetik der Existenz* oder *Ethik der Selbstsorge* genannten dritten Schaffensphase in Werken wie *Der Wille zum Wissen, Der Gebrauch der Lüste, Die Sorge um sich, Diskurs und Wahrheit* mit dem Problem, was man die *Geschichte des Begehrungsmenschen* (GL, 13) nennen könnte, das heißt, mit der Frage, aufgrund welcher Diskurse und Selbsttechniken sich das abendländische Individuum *als Subjekt konstituiert und erkennt.* (GL, 12) In diese Phase fällt auch eine erneute Auseinandersetzung mit Kant, dessen Begriff von Kritik Foucault in die Frage umformuliert: *Wie ist es möglich, dass man nicht derartig, im Namen dieser Prinzipien da, zu solchen Zwecken und mit solchen Verfahren regiert wird – dass man nicht so und nicht dafür und nicht von denen da regiert wird?* (WK, 11f) Foucault selbst hat diese drei Schaffensphasen wie folgt zusammengefasst:

Zitat

*Ich habe versucht, drei große Problemtypen auszumachen: das Problem der Wahrheit, das Problem der Macht und das Problem der individuellen Verhaltensführung.* (DE IV, 860).

Paul-Michel Foucault wurde am 15. Oktober 1926 als zweites von drei Kindern (Schwester Francine, geb. 1925, Bruder Denys, geb. 1933) des angesehenen Chirurgen Paul Foucault und dessen (auch einer Ärztefamilie entstammenden) Frau Anne-Marie in Portiers (Département Vienne) geboren. Von 1936-1940 besuchte er das Lycée de Poitiers und von 1940-1945 das Jesuiten-Collège Saint Stanislas, wo er 1943 sein Abitur (Baccalauréat) machte. Foucault wuchs in einem provinziellen katholischen Milieu – ein Photo zeigt ihn als Messknaben – auf. Aus seiner Kindheit erzählt Foucault, dass er gehalten war mit Besuchern des Hauses, Konversation zu betreiben, was ihm derart schwer fiel, dass er sich später für eine Kultur des Schweigens aussprach: *Ich habe mich oft gefragt, warum die Leute die Pflicht zu sprechen verspürten. Das Schweigen kann ein dermaßen interessanterer Beziehungsmodus sein.* (DE IV, 642) Die Schrecken des Zweiten Weltkrieges bekam der Junge nur am Rande mit. Dennoch waren sie nach seiner eigenen Aussage der Grund, weswegen er sich später vorwiegend mit geschichtsphilosophischen Fragen beschäftigte. *Der drohende Krieg war unser Hintergrund, der Rahmen unserer Existenz (...) Es lastete eine wirkliche Bedrohung auf unserem privaten Leben. Das ist vielleicht der Grund, weshalb ich von der Geschichte (...) fasziniert bin.* (DE IV, 645f)

Nach einem gescheiterten Versuch in die Pariser *École Normale Supérieure (ENS)* aufgenommen zu werden, besuchte Foucault das Lycée

Henry-Quatre in Paris, wo mit Jean Hyppolite der wohl profilierteste Hegel-Experte der Zeit zu seinen Lehrern zählte.

---

**Exkurs**

**Jean Hyppolite**

Jean Hyppolite trat als Übersetzer und Kommentator von Hegels *Phänomenologie des Geistes* hervor und machte das französische Publikum mit der (Hegelschen) Dialektik bekannt. Foucault kritisierte an Hegels Dialektik, dass sie das Irrationale nicht wirklich anerkennt, sondern lediglich in eine erweiterte Rationalität zu integrieren versucht. Indem sie Geschichte als Entfaltung von Sinn und Freiheit begreife, laufe sie letztlich auf den Ausschluss von Anderen – den »Unvernünftigen« – hinaus. Trotz dieser Kritik fühlte sich Foucault Hyppolite (und Hegel) Zeit seines Lebens verpflichtet.[5]

---

1946 bekam Foucault im zweiten Anlauf die Zulassung zur ENS in der Pariser Rue d'Ulm und schrieb sich an der nahegelegenen Sorbonne für die Fächer Philosophie und Psychologie ein. Foucaults philosophisches Interesse galt zuerst Hegel, dann Marx und schließlich Heidegger. Zu seinen Lehrern zählten neben Jean Hyppolite der Marxist Louis Althusser und der Phänomenologe Maurice Merleau-Ponty. 1948/49 legte Foucault über Hegels *Phänomenologie des Geistes* sein Examen (Licence) in Philosophie ab. In diese Zeit fällt ein erster Selbstmordversuch (1950 folgte ihm ein zweiter), wahrscheinlich wegen seiner Homosexualität, wohl aber auch, weil er das Leben in der Internatsgemeinschaft hasste. Foucault litt als Heranwachsender unter Angstzuständen, stürzte sich hemmungslos in die Arbeit und verfiel kurzzeitig dem Alkohol. Sein Internatszimmer dekorierte er mit Abbildungen von Folterszenen. Als er sich zu Beginn der 50er Jahre entschloss, eine psychiatrische Behandlung in der Pariser Klinik Sainte-Anne in Anspruch zu nehmen, kam es zum Streit mit dem Vater. Unter dem Einfluss von Louis Althusser ließ er von seinem Vorhaben ab und widmete sich nun ganz dem Studium der Philosophie und der Psychologie.

Anfang der 50er Jahre machte Foucault am Pariser Krankenhaus Sainte-Anne als Student der Psychologie seine ersten Beobachtungen und Erfahrungen mit der Psychiatrie. Dabei schien er sich mehr mit seinen Patienten als mit dem Pflegepersonal und den Klinikärzten identifiziert zu haben. (DE IV, 644) Als Praktikant der Psychologie lernte er die Verhältnisse in den französischen Gefängnissen kennen, was ihm für sein späteres Werk *Überwachen und Strafen* zugute kommen sollte. Etwa um diese Zeit besuchte Foucault die Seminare des strukturalistischen Psychoanalytikers Jacques Lacan und las Werke von Claude Lévi-Strauss. Foucault war von 1950-53 kurzzeitig Mitglied in der Kommunistischen Partei Frankreichs, die er jedoch wegen ihrer stalinistischen Lügen (Stichwort: Archipel Gulag) und ihrer Haltung gegenüber der Homosexualität schon bald wieder verließ. Im Jahr 1952 verfügte Foucault über Diplome in Philosophie (1948), Psychologie (1949), Psychopathologie und das Staatsexamen (agrégation) in Philosophie. Danach unterrichtete er von 1952-1955 in der Stellung eines Assistenten an der philosophischen Fakultät in Lille Psychologie, parallel dazu lehrte er an der École Normale, wo sich unter seinen Schülern der Philosoph Jacques Derrida befand. Foucaults erste Veröffentlichungen – ein Vorwort zu Ludwig Binswangers[6] Werk *Traum und Existenz* sowie die vom Marxismus beeinflusste Studie *Maladie mentale et personnalité (Geisteskrankheit und Persönlichkeit)* – erschienen fast gleichzeitig im Jahr 1954.

In der Einleitung zu Binswangers *Traum und Existenz* vertritt Foucault die These, dass der Traum alles andere als ein harmloser Komplize des Schlafes sei, sondern in die tiefsten Dimensionen des Menschseins und der Existenz hineinführe. Zurückgewiesen wird Freuds Auffassung, den Traum lediglich als verdrängtes sexuelles Begehren zu deuten. Freud habe den Traum vorschnell in Sprache übersetzt, während Binswanger die Bildwelt des Traumes ernster genommen habe. Foucault sieht die Träume – wie übrigens auch die Literatur und Poesie – als Boten der Phantasie, weil sie Gewohntes durcheinanderwirbelten. Träume produzierten einen Überschuss in die Wirklichkeit, sie ließen uns erkennen, dass alles auch ganz anders sein könnte. Der Traum (genauer der Morgentraum) weise auf eine in uns angelegte ursprüngliche existenzielle Freiheit hin. Schlaf und Traum gehörten keineswegs zur selben Ordnung. Während der Schlaf der Regeneration diene, sei der Traum dem Tod zugeordnet. *Am tiefsten Punkt seines Traumes begegnet der Mensch seinem Tod. (...) Der Traum lässt sich mit diesem Schlaf auf nichts ein (...) er richtet sich auf die Existenz, und dort sieht er in vollem Licht den Tod als Schicksal der Freiheit (...)* (DE I, 143) Die Einleitung beinhaltet schon Hinweise auf Foucaults spätere Diskursanalyse, deren Hauptzweck es ja sein wird, mit der historischen Bedingtheit die Veränderbarkeit der Anordnung aller Diskurse herauszuarbeiten, wie Foucault in einem Gespräch aus dem Jahre 1982 erläutert: *Ich habe mir vorgenommen, (...) den Menschen zu zeigen, dass sie weit freier sind, als sie meinen; dass sie Dinge als wahr und evident akzeptieren, die zu einem bestimmten Zeitpunkt der Geschichte hervorgebracht worden sind, und dass man diese Evidenz in den Köpfen der Menschen zerstören kann.* (TS 16)

Vom Verlag zu einer Neuausgabe der Schrift *Maladie mentale et personnalité* gedrängt, schrieb Foucault den zweiten Teil, der ursprünglich *Die Bedingungen der Krankheit* hieß, völlig um und nannte sie *Wahnsinn und Kultur*. Die Studie wurde 1962 unter dem Titel *Maladie mentale et Psychologie* (dt. Psychologie und Geisteskrankheit) veröffentlicht. In dieser Fassung trägt sie schon deutliche Züge von Foucaults späterer Schrift *Wahnsinn und Gesellschaft*. Der Umgang mit dem Wahnsinn sage etwas Wesentliches über eine Kultur aus. Durch die Internierung des Wahnsinns sei *das Verhältnis der Gesellschaft zu sich selbst, zu dem, was sie im Verhalten der Individuen anerkennt oder nicht anerkennt (in Frage gestellt).*[7]

In das Jahr 1953 fällt Foucaults erste Nietzschelektüre: *Nietzsche war eine große Offenbarung für mich. (...) Ich las ihn mit großer Leidenschaft und brach mit meinem bisherigen Leben.* (TS 19) Nach Foucault hat Nietzsche *das Heute in das Feld der Philosophie eingeführt. Zuvor kannte der Philosoph nur die Zeit und die Ewigkeit. Doch Nietzsche hatte eine Besessenheit für die Aktualität.* (DE II, 434) Foucault kündigte seine Stelle im Krankenhaus und verließ 1955 das ihm zu eng gewordene Frankreich, um zunächst Lektor, dann Leiter der Frankreich-Institute in Uppsala (1955-1958), Warschau (1958-1959) und Hamburg (1959-1960) zu werden. Seine Aufgabe bestand darin, die Kulturinstitute in den jeweiligen Städten zu leiten, Vortragsredner zu empfangen und Vorlesungen im Fachbereich Romanistik an der jeweiligen Universität zu halten. In Uppsala stellte Foucault eine kleine Theatergruppe zusammen und hielt Referate über die französische Literatur. Prägendes Ereignis während seines Aufenthaltes in Schweden war die Freundschaft mit dem französischen Religionshistoriker und Mythenforscher Georges Dumézil, der ihn später für die Professur am ehrwürdigen Pariser *Collège de France* empfahl. Dumézil beeinflusste Foucaults Werk durch seine strukturalistische Religions- und Mythenbetrachtung. Fast drei Jahrzehnte war er ein Freund und beruflicher Förderer Foucaults. Von Uppsala aus besuchte Foucault häufig das einige Kilometer von der Stadt entfernte Haus des berühmten schwedischen Mediziners und Naturforschers Carl von Linné, der mit seinem *Systema naturae* (1735) das moderne biologische Klassifikationssystem begründete. Ein eigenes Kapitel in *Die Ordnung der Dinge* handelt von Linné. Über Foucaults Zeit in Schweden (von 1955 bis 1958) schreibt sein Biograph Didier Eribon:

*Es fehlte Foucault nicht an Geld (denn seine Familie unterstützt ihn auch weiterhin), und er war durchaus nicht der Asket, der Mönch, als den man ihn später häufig beschrieb. Er schlemmte gern in guten Restaurants, er trank gern, und die ihm damals Nahestehenden erinnern sich mancher seiner denkwürdigen ›Räusche‹, etwa jenes Tages, als er gegen Ende eines Essens einen Toast anbringen wollte und sturzbetrunken zu Boden taumelte. (...) Sein Jaguar ist bei allen Uppsalianern, die ihn kannten, zu einer wahren Legende geworden. Jedermann erzählt, dass er wie ein Verrückter fuhr. Dumézil erinnert sich, eines Tages mit ihm im Straßengraben gelandet zu sein.* [8]

Warschau musste Foucault infolge einer Affäre mit einem jungen Mann, der sich als Mitarbeiter des polnischen Geheimdienstes entpuppte, schon nach wenigen Monaten verlassen, um in Hamburg den Begründer des *noveau roman*, Alain Robbe-Grillet (geb. 1922), kennen zu lernen. An seiner Thèse (Dissertation): *Eine Geschichte des Wahns im Zeitalter der Vernunft (Folie et déraison, Historire de la Folie à l'âge classique* Erscheinungsjahr 1962) arbeitete Foucault in den Jahren von 1955 bis 1960, um sich mit diesem voluminösen Werk im Mai 1961 nach einer Disputation vor Hunderten von Zuhörern in der Pariser Sorbonne bei dem Wissenschaftshistoriker, Philosophen und Literaturtheoretiker Georges Canguilhem (1904-1995) zu habilitieren.

Exkurs

### Georges Canguilhem

Bei Georges Canguilhem (1904-1995) handelt es sich um einen französischen Wissenschaftshistoriker, der die von Gaston Bachelard auf die Physik und Chemie bezogenen wissenschaftshistorischen Untersuchungen auf die Biologie anwandte. Besonders kritisierte Canguilhem die Tendenz, Krankheitszustände als Abweichung von einer physiologisch ermittelten Norm zu interpretieren. Canguilhem betonte die »Autonomie des Lebenden«, seine Kräfte der Selbstregulation und der Selbstgestaltung im Körper. Wichtig seien die Werte und Ziele, die sich der Organismus selbst setze. *Ein Organismus ist eine gänzlich außergewöhnliche Daseinsweise. [...] Sobald ein Organismus besteht, sobald er lebt, ist er möglich. Das heißt, dass er dem Ideal eines Organismus entspricht. Die Norm oder die Regel seiner Existenz ist durch seine Existenz selbst gegeben.*[9] Sozialethisch bedeutet dies für Canguilhem, dass gesellschaftliche Normen nützliche Instrumente für die Förderung der Ordnung im Gemeinwesen sein mögen, es bestehe jedoch auch die Gefahr, dass sie zur Beförderung von Durchschnittslebensentwürfen und Durchschnittsgesellschaften verdinglicht werden. *Eben dieser erdrückenden Durchschnittlichkeit setzte Canguilhem die Normativität des menschlichen Organismus entgegen.*[10]

Die im französischen Prüfungssystem geforderte *petite thèse* absolvierte Foucault bei Jean Hyppolite mit einer Übersetzung und einer Einleitung zur *Anthropologie* Kants. In dieser unveröffentlichten Schrift schlägt Foucault vor, Kants die Gegenstandsbereiche der Philosophie zusammenfassende Frage *Was ist der Mensch?* mit Nietzsches Begriff des *Übermenschen* zu beantworten. Zum Begriff des Übermenschen im Sinne Foucaults führt Pavu Mazumdar aus: *Der Übermensch (...) das heißt der Mensch der radikalen Veränderungen, der labyrinthische und unmögliche Mensch, der viele Menschen in sich birgt, der imstande ist, sich von sich selbst zu lösen und über sich zu stehen, an sich zu arbeiten und sich selbst zu formen, besser, zu erfinden, ein anderer zu werden.*[11]

In (seiner *thèse*) *Wahnsinn und Gesellschaft* behauptet Foucault, dass es *in unserer Kultur keine Vernunft ohne Wahnsinn geben kann,* (WG 12) da beide komplementär miteinander zusammenhingen. Foucault versuchte zu zeigen, wie sich im Verlauf der Jahrhunderte in Europa die Wahrnehmung des Wahnsinns verändert habe. Besonders interessierte er sich für die zwei großen historischen Einschnitte.

> **Zitat**
>
> *In der Geschichte des Wahnsinns zeigen zwei Ereignisse mit einzigartiger Klarheit diese Veränderung: 1657 wird das Hôpital général gegründet, und gibt es die ›große Gefangenschaft‹ der Armen; 1894 werden die in Bicêtre Angeketteten befreit.* (WG 14)

Im Zeitalter der Klassik (1650-1800) seien die Irren mit den Obdachlosen, Armen, Kranken, Kriminellen in gemeinsamen Asylen interniert worden, während man die »Geisteskranken« im 19. Jahrhundert aufgrund *humanistischer* Ideen zwar von ihren äußeren Ketten befreite, um ihnen jedoch in den psychiatrischen Anstalten mittels Therapierung umso festere innere anzulegen. Folgt man Foucault, so hat die Psychiatrisierung an der Feindschaft unserer Kultur gegenüber dem Wahnsinn nichts Grundsätzliches verändert, stets gehe es um Machtausübung, Ausschluss und Unterdrückung einer Denkungsart gegen die andere. Von diesem Werk lässt sich ein Bogen bis zu Foucaults Beteiligung an der Anti-Psychiatriebewegung der 60er und 70er Jahre schlagen, in der es darum ging, die Macht der »Normalen« und »Vernünftigen« gegenüber den »Wahnsinnigen« bzw. »Geisteskranken« in Frage zu stellen.

1951 lernte Foucault über seinen Musikerfreund Jean Barraqué den Dirigenten, Komponisten und Musiktheoretiker der Zwölftonmusik Pierre Boulez kennen, der ihm den Zugang zum Formalen in der Kunst (und im Leben) eröffnete. Nach eigenen Angaben löste sich Foucault über die Erfahrung der seriellen Musik von der damals in Frankreich vorherrschenden Phänomenologie und dem Existenzialismus, welche die Suche nach dem Sinn im Leben in den Mittelpunkt rückten.

Exkurs

**Phänomenologie**

Phänomenologie *von griech. phainomenon*, philosophische Richtung bzw. Methode, die das dem Bewusstsein Erscheinende in den Mittelpunkt stellt. Phänomenologie und Existenzialismus fordern eine intuitive Annäherung an das Dasein, um die wahre Bedeutung der Dinge überall in der Welt wieder hervortreten zu lassen. Berühmt wurden Husserls phänomenologische Untersuchungen über einen Göttinger Abhang, Heideggers Phänomenologie einer Skifahrt und Sartres Studien über Blicke von einer Parkbank und durch ein Schlüsselloch. Als Begründer der Phänomenologie gilt der österreichische Mathematiker und Philosoph Edmund Husserl (1859-1938). Mit seinem Aufruf *zu den Sachen selbst* und dem Begriff *Lebenswelt* als Urgrund, aus dem alles Denken entspringe, versuchte Husserl möglichst unbelastet von den Vorgaben der neuzeitlichen Wissenschaften die ursprüngliche Erscheinungsform der Dinge – die Phänomene selbst – in den Blick zu bekommen. Das Wesentliche versuchte Husserl möglichst intuitiv am Einzelbeispiel und nicht über mathematische Vergleichsverfahren zu erfassen. Nach Foucault gibt es jedoch keine prädiskursiven Bedeutungen in der Welt, die es nur aufzuspüren gelte. *Wir müssen uns nicht einbilden, dass uns die Welt ein lesbares Gesicht zuwendet, welches wir nur zu entziffern haben. Die Welt ist kein Komplize unserer Erkenntnis. (...) Man muss den Diskurs als eine Gewalt begreifen, die wir den Dingen antun; jedenfalls als eine Praxis, die wir ihnen aufzwingen.*[12]

Die moderne Musik – wie übrigens auch der russische Formalismus und die moderne Linguistik – betonen nicht den möglichst unverfälschten Sinn eines Kunstwerks, sondern seine Form, das heißt, unter welchen Gesetzen es steht und wie man mit einem vorhandenen Material auch anders umgehen kann.

*Boulez und der Musik in einer Zeit zu begegnen, als man die besondere Be-
deutung des Sinns, des Erlebten, des Körperlichen, der ursprünglichen Erfahrung, der subjektiven Inhalte und der sozialen Bedeutungen lehrte, das hieß,
das 20. Jahrhundert unter einem gar nicht vertrauten Blickwinkel zu betrachten: dem eines langen Kampfes um das ›Formale‹.* (DE IV, 266)

Foucault kritisierte die Rede vom Sinn oder von einem erlösten Leben
(Marxismus, Frankfurter Schule), weil dies Begriffe eher messianischen
Ursprungs seien.

**Frankfurter Schule**
Bei der *Frankfurter Schule* handelt es sich um eine Gruppe von Philosophen, Psychologen und Sozialwissenschaftlern um das von Max Horkheimer seit 1931 geleitete Institut für Sozialforschung in Frankfurt, die in zahlreichen Studien eine
soziologisch-philosophische Analyse der fortgeschrittenen Industriegesellschaft
lieferte. Neben Max Horkheimer, Theodor W. Adorno und Walter Benjamin waren
der Philosoph Herbert Marcuse, der Psychoanalytiker Erich Fromm, der Literatur-
wissenschaftler Leo Löwenthal, die Juristen Franz Neumann und Otto Kirchhei-
mer sowie der Nationalökonom Friedrich Pollock Mitarbeiter des Instituts.

Dagegen sprach er sich in einem Interview aus dem Jahre 1966 für eine
Subjektkritik aus und führte als Vorbilder Nietzsche, Heidegger, Russell,
Wittgenstein und Lévi-Strauss an. (DE I, 700)

*Heute besteht die Fragestellung des Philosophen nicht mehr darin, heraus-
zufinden, wie die Welt vom Subjekt erlebt, erfahren und durchquert werden
kann. Das Problem, das sich heute stellt, ist, herauszufinden, welches die
Bedingungen sind, die jedem Subjekt überhaupt auferlegt sind, so dass es
sich in das systematische Netz dessen, was uns umgibt, einfügen, darin
funktionieren und als Knotenpunkt dienen kann.* (DE II, 528)

In das Jahr 1960 fällt die Bekanntschaft mit seinem Lebensgefährten
Daniel Defert. Anlässlich eines privaten Essens in Paris soll Foucault die

Ansicht geäußert haben, dass es keine Zivilisation geben könne, solange nicht die Ehe unter Männern zugelassen werde. (E 240) Zwischen 1960 und 1966 arbeitete er als Privatdozent und Professor für Psychologie und Philosophie in Clermont-Ferrand. Nach Clermont-Ferrand, wo er hauptsächlich Vorlesungen im Fach Psychologie hielt, fuhr Foucault mit der Bahn, übernachtete dort und kehrte am nächsten Tag wieder nach Paris zurück. Aus dieser Zeit stammt die Freundschaft mit dem Philosophen Gilles Deleuze, den er später wegen politischer und philosophischer Differenzen aus dem Auge verlieren wird. Neben seiner Lehrtätigkeit beteiligt sich Foucault an dem gaullistischen Projekt einer Bildungsreform des Gymnasial- und Universitätsunterrichts. Bestrebungen, ihn zum stellvertretenden Direktor des Universitätswesens im Erziehungsministerium zu ernennen, wurden allerdings nicht umgesetzt.

Im April 1963 erschienen am selben Tag die beiden Schriften *Die Geburt der Klinik Eine Archäologie des ärztlichen Blicks (La naissance de la clinique. Une archéologie du regard médical)* und *Raymond Roussel*. Beide Bücher setzen die Akzentverschiebung zu der Methode der Diskursanalyse fort, in der es nicht mehr um immer neue Interpretationen des historischen Geschehens, sondern um den Nachweis der Wirksamkeit von historisch wandelbaren Sprach- und Wissensstrukturen geht. Die Diskursanalyse fragt nicht, wie noch Immanuel Kant, nach den transzendentalen Möglichkeitsbedingungen von Wissen, sondern nach den Bedingungen, die das Wissen in einem gegebenen historischen Augenblick bestimmen und realisieren.[13] Welche Gemeinsamkeiten könnte es zwischen der Untersuchung des Werkes eines den Drogen verfallenen wahnsinnigen Dichters wie Roussel und einer Studie über die Geschichte der Klinik geben? Auf diese Frage in einem Interview angesprochen antwortete Foucault, dass es die Frage nach dem Subjekt gewesen sei, die seine literarischen und wissenschaftshistorischen Interessen miteinander verbunden hätten:

**Zitat**

*Lange Zeit bestand in mir ein nur schlecht aufgelöster Konflikt zwischen der Leidenschaft für Blanchot oder Bataille[14] auf der einen und für gewisse positivistische Studien etwa von Dumézil oder Lévi-Strauss auf der anderen Seite. Aber letztlich haben die beiden Richtungen, deren einziger gemeinsamer Nenner wahrscheinlich im Problem der Religion besteht, in gleichem Maße dazu beigetragen, dass ich mich mit dem Verschwinden des Subjekts befasst habe. Ich glaube, die Erfahrung der Erotik bei Bataille*

*und die der Sprache bei Blanchot, verstanden als Erfahrung der Auflö-
sung, des Verschwindens, der Verleugnung des Subjekts (des sprechenden
wie des erotischen Subjekts), haben mir, etwas vereinfacht ausgedrückt,
das Thema nahegebracht, das ich in die Reflexion über strukturelle oder
›funktionale‹ Analysen wie die von Dumézil oder Lévi-Strauss übertragen
habe. Mit anderen Worten, ich glaube, die Struktur und schon die bloße
Möglichkeit, einen Diskurs über die Struktur zu halten, führen zu einem
negativen Diskurs über das Subjekt, also zu einem Diskurs, wie wir ihn
bei Bataille und Blanchot finden.* (DE I, 786f)

In beiden Werken wollte Foucault zeigen, dass das Subjekt und der
Mensch keine realen Substanzen sind. Raymond Roussel schrieb eine
weitgehend subjektlose Literatur. In Werken wie *Locus Solus (1910)* und
*Impressions d'Afrique (1913)* versuchte er keine tiefere Botschaft über den
Menschen zu übermitteln, sondern erklärte in dem Text *Comment j'ai
écrit certains de mes livres (Wie ich einige meiner Werke schrieb)*, dass er
ähnlich wie in der *écriture automatique*[15] der Surrealisten sich manchmal
einfach nur von dem Ähnlichklang zweier Wörter leiten ließ, wenn er
seine Geschichten phantasievoll konstruierte. Parallel dazu führte Foucault in seiner Studie zur Medizingeschichte *Die Geburt der Klinik* aus,
dass das moderne Subjekt weniger eine feststehende Kategorie sei, sondern im Zuge einer medizinischen Praxis entstand, nämlich systematisch
Leichen zu sezieren. Denn damit habe die *Wissenschaft vom Individuum*
begonnen. Am toten Körper konnte das *individuelle Substrat* von Krankheiten und Todesursachen diagnostiziert werden.

Exkurs

**Subjektkritik bei Nietzsche**

In zwei Aphorismen in *Jenseits von Gut und Böse* dekonstruiert Nietzsche
das Subjekt des *Ich denke* (Aph.16), um die Bedeutung des Sprachsystems
für alles Sprechen und Denken hervorzuheben (Aph. 20). Descartes sah im
*Ich denke* eine unmittelbare Gewissheit. Es gebe jedoch keine unmittelbare
Gewissheit, da weder der Begriff *Ich* noch der Begriff *denken* klar seien. Was
heißt es, zu sagen, dass »ich« es bin, der »denkt«? Es müsste da ein Etwas
geben, das denkt. Wo und was ist dieses Etwas? Und was ist mit Denken
gemeint? Wie unterscheiden sich zum Beispiel *denken, fühlen* und *wollen*?
Sollte ich in irgendeinem Moment zu dem Schluss kommen, dass ich gerade
denke, dann geht das nur, wenn ich diesen Zustand eindeutig von einem an-

deren Zustand des Nicht-Denkens abgrenzen kann. Und schon ist mir der Zustand des Denkens, nicht wie von Descartes gefordert, unmittelbar gegeben. In Aph. 20 behauptet Nietzsche, dass in einer bestimmten Sprachgemeinschaft die Philosophen in ihren Theorien, mit ihrem Denken immer auf die gleichen Gegensätze, Schemata – wenn auch in veränderter Gestalt – zurückkommen. Die Sprache laufe gleichsam im Kreis. Das gelte aber nur für bestimmte Sprachgemeinschaften, in anderen Sprachregionen stellten sich die Probleme immer neu. Der Mensch sei Gefangener der Sprache. *Philosophen des ural-altaischen Sprachbereichs (in dem der Subjekt-Begriff am schlechtesten entwickelt ist) werden mit großer Wahrscheinlichkeit anders ›in die Welt‹ blicken und auf andern Pfaden zu finden sein, als Indogermanen oder Muselmänner (...)*[16] Foucault knüpft an diese Subjektkritik Nietzsches an. Für Foucault gibt es kein reines Ich, keinen erkenntnistheoretisch feststehenden Behälter namens Subjekt, der im Lauf der Jahrhunderte nur unterschiedlich gefüllt wurde und von dessen Inhalt man sich befreien müsse (der Descart'sche universelle Zweifel), um zu evidenten, nicht mehr weiter zu hinterfragenden Erkenntnissen vorstoßen zu können. Vielmehr sei es so, dass verschiedene Epochen unterschiedliche Subjekte und Subjektivierungsformen hervorbrächten, die untersucht und verändert werden müssten. *Es wäre interessant, wenn man einmal zu klären versuchte, wie sich im Laufe der Geschichte ein Subjekt konstituiert, das nicht ein für alle Mal gegeben ist, das nicht diesen Kern bildet, von dem aus die Wahrheit Einzug in die Geschichte hält, sondern ein Subjekt, das sich innerhalb der Geschichte konstituiert, das ständig und immer wieder neu von der Geschichte begründet wird.*[17] Die Frage nach dem Subjekt bildet das Zentrum der Interessen Foucaults: *Das umfassende Thema meiner Arbeit ist (...) nicht die Macht, sondern das Subjekt.* (DE IV, 270) Foucault glaubte, dass unsere Gesellschaft derzeit eine tiefe Krise durchlebt, *in deren Verlauf das Subjekt, die individuelle Person in ihrem traditionellen Sinn, infrage gestellt wird.* (DE II, 471)

Mit einem Schlag bekannt wurde Foucault mit seinem 1966 veröffentlichten Werk *Les mots et les choses (dt. Die Ordnung der Dinge),* das sich völlig unerwartet innerhalb von zwei Monaten noch besser als alle Auflagen von Jean-Paul Sartres (1905-1980) Hauptwerk *Das Sein und das Nichts (1943)* verkaufte. Hier unterzog Foucault seine Gedanken vom Konstruktionscharakter des Menschen weiteren Überlegungen. Dazu mussten nach einer an Claude Lévi-Strauss angelehnten Methode die Ursachen der Veränderung von Maßstäben in unterschiedlichen Wissensformationen dargelegt werden. Um die Gegenwart zu begreifen, müsse man wie ein Archäologe aufdecken, wie unser heutiges Wissen funktioniert bzw. formiert wurde. Was uns als selbstverständlich erscheint, sei, genauer betrachtet, die Ablagerung früheren Wissens. Wissensformationen – so Foucault – veränderten sich weniger wegen des Einflusses großer Denker, Politiker und Philosophen, sondern ließen sich in weit zerstreuten Texten – z. B. in Gerichtsakten, Verwaltungsvorschriften, populärwissenschaftlichen Büchern und Enzyklopädien – als Folge einer kollektiven Denkpraxis nachweisen. Foucault analysierte in seinem Buch die Episteme (griech. Kenntnis, Wissen, Wissenschaft, bei Foucault eher Wissensmodell) der Renaissance, der Klassik (Aufklärung) und des 19. Jahrhunderts (Moderne).

Berühmt wurde Foucaults Rede vom »*Tod des Menschen*« bzw. seine in *Die Ordnung der Dinge* vorgebrachte These vom baldigen Verschwinden des Menschen »*wie am Meeresufer ein Gesicht im Sand*« (OD 462). Darunter verstand Foucault nicht das Aussterben der menschlichen Spezies, sondern die Einsicht, dass es vergeblich ist, das Wesen des Menschen – sei es als *animal rationale* (*Aristoteles*) oder als *Verurteilt zur Freiheit* (*Sartre*) – definieren zu wollen. Foucault behauptete, »*dass diese Begriffe der menschlichen Natur, der Gerechtigkeit, der Verwirklichung des Wesens des Menschen Vorstellungen und Begriffe sind, die in unserer Kultur, in unserem Typ von Erkenntnis, in unserer Form der Philosophie gebildet wurden (...)*«. (DE II, 630) In *Die Ordnung der Dinge* führt er aus, dass das den Erkenntnistheoretikern vorschwebende neutrale Subjekt, das *zu sehen, zu erfassen und zu vergleichen vermag, was in der äußeren Welt geschieht* (DE II, 776), keineswegs eine feststehende Größe sei. *Denn in Wirklichkeit ist dieses neutrale Subjekt selbst ein historisches Erzeugnis. Es bedurfte eines ganzen Netzes aus Institutionen und Praktiken, damit dieser ideale Punkt zustande kam, dieser Ort, von dem aus die Menschen einen rein beobachtenden Blick auf die Welt werfen konnten.* (DE II, 776) Sowohl in der modernen Literatur eines Artaud, Roussel, Kafka, Bataille und Blanchot als auch in Wissenschaften wie der Psychoanalyse, der Ethnologie und der Linguistik sah Foucault Anzeichen eines zukünftigen Wissensmodells, in dem sich nicht mehr alles um den Menschen dreht: *Der Mensch ist eine Erfindung, deren junges Datum die Archäologie unseres Denkens ganz offen zeigt. Vielleicht auch das baldige Ende.* (OD 462)

Nachdem Foucault im Jahr 1965 eine erste Vortragsreise nach Brasilien unternommen hatte, wechselte er im September 1967 von Clermont-Ferrand aus persönlichen Gründen an die Universität nach Tunis, wo er zwei Jahre lang als Gastprofessor Philosophie lehrte. *Ich bin wegen*

*des mystischen Bildes gekommen, das alle Europäer sich gerade von Tune-*
*sien machen: Sonne, Meer, die Trockenheit, Afrika, kurz, ich habe eine Oase*
*des Friedens ohne Askese gesucht.* (DE I, 749) Begeistert war er in Tunis
von seinen Studenten: *Wahrscheinlich habe ich nur in Brasilien und Tune-*
*sien bei den Studenten solchen Ernst und solche Leidenschaft, so ernste*
*Leidenschaft gefunden, und – was mich am meisten erfreut – einen unstill-*
*baren Wissensdurst.* (DE I, 749) Foucault wohnte in dem malerischen
Künstler- und Küstendorf Sidi Bou Said. Hier entstand die Schrift *Ar-*
*chäologie des Wissens,* in der er sich in einer berühmten Formulierung als
*glücklichen Positivisten* (AW 182) bezeichnete und über die Methode
seiner Geschichtsbetrachtung anhand der Begriffe *Aussage, diskursive*
*Formationen, Regelmäßigkeiten* Rechenschaft abzulegen versuchte. In
Tunis musste er die Erfahrung machen, dass Studenten aus politischen
Gründen inhaftiert wurden, was ihn nach eigenen Angaben (DE IV, 962)
später dazu motivierte, sich mit den historischen Transformationen des
modernen Strafsystems auseinander zu setzen.

Zurückgekehrt nach Paris bezog Foucault eine große Wohnung im
achten Stock eines Neubaus im 15. Arrondissement in der Rue de Vau-
girard Nr 285, deren Balkon eine herrliche Aussicht über den Pariser
Westen bot. Als Leiter des Fachbereiches Philosophie an der neugegrün-
deten Reformuniversität in Vincennes geriet er sogleich in die politischen
Auseinandersetzungen um die 68er-Bewegung: Straßenschlachten, Trä-
nengas, Sit-ins, Dauerproteste. Es beginnt sich jenes Bild Foucaults zu
formieren, das ihn mit einem Megaphon in der Hand bei politischen
Demonstrationen auf der Straße zeigt. Das Zwischenspiel in Vincennes
dauerte nicht lange. Am 2. Dezember 1970 hielt er als Professor des auf
ihn zugeschnittenen Lehrstuhls für die *Geschichte der Denksysteme* vor
dem altehrwürdigen *Collège de France*[18] seine Inauguralvorlesung, womit
Foucault im Zenit seiner akademischen Karriere stand.

In seiner Inauguralrede *Die Ordnung des Diskurses* erläuterte Foucault seinen methodischen Ansatz der Diskursanalyse und sprach über
das Problem der Ausschließung und des Verbots bestimmter Redeprak-
tiken. In jeder – auch in der westlich-liberalen – Gesellschaft gebe es
Instanzen, die darüber wachten, dass der Diskurs nicht auswuchert, Tabus, Strategien der Diskursverknappung, institutionelle Vorkehrungen,
sodass gefährliche Reden gar nicht erst auftauchen können. Um seine
Vorlesungen vorzubereiten, arbeitete Foucault in Bibliotheken und Archiven, um relevante Texte und Dokumente – zumeist medizinische
Gutachten, Verwaltungsvorschriften und Gerichtsurteile – für seine »Archäologie« genannte historische Rekonstruktionsarbeit von Wissenssys-

temen, Denkmustern und Diskursen zu analysieren. Foucaults erste
Vorlesung am *Collège* hatte den Titel *Der Wille zum Wissen* (1970-71). Es
folgten im Jahre 1971-72 *Theorien und Institutionen des Strafvollzugs*, *Die
Strafgesellschaft* (1972-73), im Jahr 1973-74 *Die Macht der Psychiatrie*.

---

**Merksatz**

**Mit den Schriften *Die Ordnung der Dinge, Die Ordnung des Dis-
kurses und Archäologie des Wissens* begründete Foucault die wissenschaftliche Diskursanalyse, in der der Zusammenhang zwischen
sprachlichem Verhalten, gesellschaftlichen Institutionen und Norm-
verhalten untersucht wird – ein Ansatz, der in Deutschland u. a. von
Jürgen Link und Siegfried Jäger weitergeführt wurde.**

---

In den 70er Jahren verstärkte sich Foucaults politisches Engagement.
1971 gründete er zusammen mit Ärzten, Anwälten und Journalisten die
*Groupe d'Information sur les prisons* (Arbeitskreis zur Information über
die Gefängnisse: GIP), die jedoch schon 1972 wieder aufgelöst wurde.
Die Gruppe wollte als Diskussionsforum über die Situation und die
Haftbedingungen in den französischen Gefängnissen informieren, ohne
den Anspruch zu haben, eine eigene Theorie über eine Gefängnisreform
zu entwickeln. *Nicht wir haben eine Reform vorzuschlagen. Wir wollen
lediglich Wissen über die Realität verbreiten* (DE II, 213), wie es in der
Plattform der Gruppe heißt. Als Folge ihres Wirkens kam es zur Zulassung von Tageszeitungen und Radiogeräten in den Gefängnissen. (DE II,
212) Entschieden bekämpfte Foucault die Todesstrafe und weigerte sich
im Jahr 1976 an einem Essen mit dem damaligen französischen Staats-
präsidenten Valéry Giscard d'Estaing teilzunehmen, weil dieser es abgelehnt hatte, einen zum Tode Verurteilten zu begnadigen. Als 1975 ein
spanisches Sondergericht elf Frauen und Männer der baskischen Sepa-
ratistenbewegung zum Tode verurteilte, fuhr Foucault mit dem Schau-
spieler Yves Montand und sieben weiteren Demonstranten nach Spani-
en, um einen Protestaufruf französischer Intellektueller (unter ihnen
Jean-Paul Sartre, André Malraux, Louis Aragon) persönlich zu überbrin-
gen. In Spanien kam es zu Rangeleien mit Francos Polizei, in denen
Foucault sich auch körperlich zur Wehr setzte.

Es waren *sektorielle Kämpfe*, das heißt punktuelle politische Aktionen,
die anders als Sartres Einsatz nicht mehr im Namen einer universellen
Richtigkeit von höheren Werten wie zum Beispiel dem Humanismus

geführt wurden. Was in der einen Phase des Kampfes die Unterstützung rechtfertigte, konnte in der folgenden zum Rückzug Foucaults aus der Bewegung führen. So unterstützte er die Anti-Psychiatrie-Bewegung, die Anti-Gefängnis-Bewegung, den Kampf gegen das Schahregime nur für bestimmte Aspekte und nicht aus der Sicherheit gefestigter Überzeugungen heraus. In politischen Kämpfen – so Foucault – gebe es kein eindeutiges Rechthaben einer Seite, sondern nur den persönlichen Einsatz bzw. die persönliche Entscheidung. Seine Bücher begriff er in einer häufig zitierten Formulierung als *kleine Werkzeugkisten. Wenn die Leute sie aufmachen wollen oder diesen oder jenen Satz, diese oder jene Idee oder Analyse als Schraubenzieher verwenden um die Machtsysteme kurzzuschließen, zu demontieren oder zu sprengen, einschließlich vielleicht derjenigen Machtsysteme, aus denen diese meine Bücher hervorgegangen sind – nun gut, umso besser.* (MM 53)

Neben seinem Engagement für eine Gefängnisreform setzte sich Foucault für die Gewerkschaftsbewegung *Solidarnosc* in Polen, für Dissidenten aus den Ländern des Ostens, für die Rettung der *boat people* und für die islamische Revolution im Iran ein. 1977 fuhr er als Journalist der italienischen Zeitung *Corriere della sera* nach Teheran um die letzte Phase des Schahregimes persönlich mitzuerleben. Dabei kam Foucault zu der Überzeugung, dass der Versuch die islamischen Länder nach westlichem Muster zu modernisieren, endgültig gescheitert sei. In der islamischen Revolution sah er eine *politische Spiritualität* am Werk, die eine wahrhafte Herausforderung für den Westen beinhalte. Die iranische Bewegung sei *die Erhebung von Menschen mit nackten Händen, (...) vielleicht die erste große Erhebung gegen das planetarische System, die modernste Form der Revolte. Und die verrückteste.* (E 411) Sobald jedoch Ayatollah Khomeini die Macht ergriffen hatte, protestierte Foucault gegen die sich schon bald abzeichnende Verletzung der Menschenrechte im Iran.

Als Professor am Collège de France versuchte Foucault aus den unterschiedlichsten Wissensbereichen und Textsorten im Quellenstudium die verschiedenen historischen Machtstrategien als unablässigen Kampf um die Wahrheit aufzudecken. Nichts war Foucault so fremd wie das Pochen auf Identität und Kontinuität, sei es in Bezug auf das menschliche Subjekt oder ein angebliches Wesen der Geschichte. Parallel zu seinem politischen Engagement intensivierte er in den 70er Jahren seine Machtanalysen. Die Macht begriff er gerade in einer freiheitlichen Gesellschaft als wichtiges Thema. Zwar habe man zur Zeit der Aufklärung (im 18. Jahrhundert) die Freiheit erfunden, doch dieser schönen Idee sei zugleich die Praxis der Disziplinierung des Körpers an die Seite gestellt worden. Ketten seien durch die Raster der Kontrolle – Disziplinierungstechniken, die den Körper gelehrig, gefügig und nützlich machen sollten – ersetzt worden. Solche Übergriffe der Macht auf den Körper deckte Foucault im 1975 erschienenen Buch *Überwachen und Strafen, Die Geburt des Gefängnisses* auf.

Darin führt er aus, wie sich im 19. Jahrhundert das Strafsystem geändert habe. Kriminelle seien nun nicht mehr öffentlich hingerichtet oder gefoltert, sondern interniert worden. Dieser Wechsel sei nicht aus humanitären Gründen erfolgt, sondern weil es so für die Macht effektiver gewesen sei. Ja, das Argument der Humanität sei Bestandteil um so stärkerer Disziplinierung und Kontrolle gewesen. Im Gefängnis habe man die Menschen und insbesondere ihre Körper besser beobachten, Auffälligkeiten registrieren und kontrollieren können. Es sei in den nach dem Vorbild der Gefängnisse errichteten Institutionen (Schule, Fabrik, Klinik, Asyl) ein ideales Beobachtungs- und Rasterungsfeld für die Humanwissenschaften entstanden, um die Disziplinierung der Menschen schon bei kleinsten Auffälligkeiten und Abweichungen einsetzen lassen zu können. Die Macht einzusperren und die wachsenden humanwissenschaftlichen Erkenntnisse hätten sich so verflochten, dass Foucault nicht nur in diesem Zusammenhang von einem Macht-Wissens-Komplex spricht. Nach Foucault gibt es *kein Wissen, das nicht gleichzeitig Machtbeziehungen voraussetzt und konstituiert.* (ÜS 39) Techniken der Disziplinierung, die zunächst im Gefängnis erprobt wurden, z. B. ein penibles Zeitregiment für die Gefangenen, seien nach und nach über die ganze Gesellschaft in den Fabriken, Schulen usw. ausgedehnt worden. Foucaults Vorlesungen am *Collège* waren derart überfüllt, dass Lautsprecher seine Ausführungen in die Nebenräume übertragen mussten.

Als Erläuterung von Foucaults *Macht-Wissen-These* erschien im Jahr 1976 *La volonté de savoir* als erster Band einer geplanten Reihe mit dem Titel *Geschichte der Sexualität* (in der deutschen Übersetzung heißt der Untertitel *Sexualität und Wahrheit*). In Fortsetzung der Werke über den Wahnsinn und das Strafsystem handelte es sich wieder um eine Archäologie der Psychoanalyse. Foucault kritisiert darin die Repressionshypothese, wonach im *viktorianischen Zeitalter* (19. Jh.) die Sexualität unterdrückt worden sei. Zwar seien Elemente der Unterdrückung einer freien Sexualität im 19. Jahrhundert unübersehbar, doch das Wesen der abendländischen Sexualkultur sei mit der bloßen Repressionshypothese nicht zu erfassen. In dem vielschichtigen Werk behauptet Foucault einen Unterschied zwischen einer *Ars erotica* in Gesellschaften wie China, Japan,

Indien, Rom sowie den arabisch-islamischen Gesellschaften und einer *scientia sexualis* im Abendland. *Unsere Zivilisation besitzt, zumindest auf den ersten Blick, keine ars erotica. Dafür ist sie die einzige, die im Lauf von Jahrhunderten eine scientia sexualis betreibt.* (WW 75) Während es in den Ländern einer *ars erotica* bei der Erforschung der Liebe um eine geheime, rituelle Lehrmeisterkunst mit dem Ziel zur Lustintensivierung gegangen sei, handele es sich in den westlichen Gesellschaften beim Sex um einen Willen zum Wissen. Denn es gehe im Westen um die Wahrheit des Sexes, das heißt um seine angebliche gesellschaftliche Nützlichkeit oder Unnützlichkeit, um eindeutige Zuschreibungen, welche Sexualität und Identität jemand habe, um die Menschen besser im Hinblick auf ihre gesellschaftliche Tauglichkeit einschätzen zu können. Nach Didier Eribon handelt es sich bei *Der Wille zum Wissen* um ein *sehr schmales Buch, in dem sich dennoch der ganze Foucault (...)* (E 391) finden lässt. In der Tat sind hier alle seine wichtigen Themen versammelt: Wissen, Bio-Macht, Sexualität, Körper, Psychiatrie.

Nach *Der Wille zum Wissen* veröffentlichte Foucault entgegen seinen Planungen für eine Reihe von Jahren nichts mehr, vielleicht weil er sich – wie Gilles Deleuze meinte – zu sehr in die Fallstricke der Macht verwickelt hatte. Wenn überall nur Macht-Wissen dominiert, wo bleibt dann der Spielraum für Freiheit und Subjektivität? Erst nach acht Jahren – im Juni 1984, kurz vor seinem Tod – erschienen die beiden Folgebände: *Der Gebrauch der Lüste* und *Die Sorge um sich,* in denen Foucault seinen Neuansatz einer Ethik der Selbstsorge bzw. *Ästhetik der Existenz* formulierte. Im Unterschied zu seinen früheren Werken, die beschrieben, wie das Subjekt von außen über Wissens- und Machtformationen geformt wird, handeln diese Bücher davon, wie das Subjekt gültige Normen und Regeln internalisiert. Foucault spricht von Subjektivierungsarten und -techniken, die für das individuelle Selbstverständnis wichtig sind. Um den diesbezüglichen Transformationen nachzugehen, dehnte Foucault seinen Analyserahmen bis in die griechische Antike aus. Den Griechen sei es um eine Stilisierung ihres Verhaltens und nicht wie im Christentum um die Läuterung der Seele von unreinen Gedanken bzw. Begehrungsarten gegangen. Den in der Ethik des Hellenismus wichtigen Aspekt der Selbstsorge – dass man zuerst auf sich selbst achten und an sich selbst arbeiten müsse, um auch andere richtig achten zu können – habe das Christentum als übersteigerte Selbstliebe diskreditiert. Der das Projekt *Sexualität und Wahrheit* abschließende, weitgehend fertiggestellte vierte Band *Die Geständnisse des Fleisches* blieb nach dem Willen Foucaults unveröffentlicht.

Die Professoren des *Collège de France* sind zu vierundzwanzig Unterrichtsstunden jährlich verpflichtet, was einem Zeitraum von etwa drei Monaten der Lehre bedeutet. Diese großzügige Regelung ermöglichte Foucault zahlreiche Auslandsaufenthalte und Reisen. So unternahm er mehrere Vortragsreisen nach Brasilien, im April 1978 flog er nach Japan, u. a. um sich dort in die Praxis der Zen-Meditation einweisen zu lassen. In seinen letzten Lebensjahren hielt er sich häufig für Lehraufträge an der Universität in Berkeley Kalifornien auf, wo er sich nach Seminaren und Vorlesungen in die homosexuelle Szene von San Francisco begab.[19] Er wollte seine Sexualität ausleben und begriff sie als Teil seiner Freiheit und seines Verhaltens.[20] Einer Bewegung zur sexuellen Emanzipation, deren Existenzberechtigung zur Erkämpfung von Rechten er anerkannte, wollte Foucault jedoch nicht angehören, da er kritisierte, dass sich Menschen über ihre Sexualität definieren. *Es ist sehr langweilig immer derselbe zu sein. Wir dürfen die Identität nicht ausschließen, sofern die Leute auf dem Umweg über ihre Identität ihre Lust finden, aber wir dürfen diese Identität nicht als ein universales ethisches Richtmaß betrachten.* (DE IV, 914) Bis zuletzt spielte Foucault mit dem Gedanken, nach Kalifornien überzusiedeln. *Wenn ich jünger wäre, würde ich wohl in die Vereinigten Staaten auswandern.* (DE IV, 963) Foucault starb 57-jährig am 25. Juni 1984 an den Folgen einer HIV-Infektion in der Pariser Salpêtrière.[21] Beerdigt wurde er auf dem kleinen Friedhof von Vendeuvre nahe seinem Elternhaus. Kurz vor seinem Tod ordnete er ein Publikationsverbot für posthume Veröffentlichungen an und zerstörte einen Großteil seiner nur ihm vorliegenden Unterlagen (Notizen, Exzerpte, Textfragmente), die bestimmt noch mehr Einblicke in sein faszinierendes Denken hätten bringen können.

# Foucault im Profil

## Wahnsinn und Gesellschaft

In den 50er Jahren brach Foucault unter dem Einfluss der modernen Zwölftonmusik sowie der Werke des irischen Schriftstellers Samuel Beckett, des Anthropologen und Strukturalisten Claude Lévi-Strauss und des Psychoanalytikers Jacques Lacan mit der in Frankreich vorherrschenden Phänomenologie und dem Marxismus, die vom Sinn und Fortschritt in der Geschichte ausgingen. Gerade der Fortschrittsbegriff musste vor dem Hintergrund der politischen Katastrophen des 20. Jahrhunderts mehr als fragwürdig erscheinen. Foucault verwarf das Weltbild vom Sinn in der Geschichte um zu einer heraklitisch-nietzscheanisch-tragischen Sicht des historischen Werdens und Vergehens überzugehen. Auf der historischen Bühne erscheinen die Wahrheiten in verschiedenen Diskursen, um nach einer Weile wieder unterzugehen. Wer spricht eigentlich? Diese Frage beantwortete Foucault mit dem Dichter Stéphane Mallarmé, dass es die Sprache und die Wörter selbst seien. (OD 370) Im Laufe der Geschichte lösen sich Foucault zufolge die Diskurse und Wissensformationen einander ab; Sätze, die eben noch volle Gültigkeit besäßen, verlören schon bald ihren Sinn. Für Foucault bilden Begriffe *eine Weise zu leben* (DE IV, 956), sie seien jedenfalls nicht so zu verstehen, als bildeten sie durch die Wissenschaften immer genauer die objektive Wahrheit ab.

Foucaults Diskursanalyse unterscheidet sich von Theorien, die den Fortschritt in den Wissenschaften psychologisch erklären; zum Beispiel, weil ein Forscher geniale Gedanken hatte oder in der Kindheit bestimmte Erlebnisse, die ihn zu solchen prädestinierten. Ein Diskurs wird von ihm nicht auf das Bewusstsein und auf Subjekte, sondern auf soziale Macht- und Praxisformen bezogen. Natürlich sind es Individuen, die Diskurse führen oder verändern, aber doch nur in einem bestimmten historisch festgelegten Möglichkeitsraum. Das Wort Diskurs (franz. *discours*: Rede) stammt *von lat. discurrere* – auseinanderlaufen, zugleich auch »hin- und herlaufen« und bezeichnet damit die Unruhe und Gefährlichkeit, welche Foucault zufolge vom Sprechen der Leute ausgeht. Er spricht von Gefahr des Wucherns des Diskurses; dass er aus dem Ruder läuft. Deshalb wird in jeder Gesellschaft zur Sicherung der Macht die Ordnung des Diskurses durch bestimmte Institutionen, Prozeduren, Verfahren organisiert und kanalisiert.[22] Dabei unterscheidet Foucault unter den Mitteln der Diskurskontrolle zwischen diskursexternen (Tabus, Ausschluss des Wahnsinns) und diskursinternen (Bändigung des Zufalls durch Kommentare, Verknappung des Diskurses, Bestätigung akzeptierter Positionen durch Wiederholung) Strukturen.[23] Soll eine Rede als wahr anerkannt werden, muss sie bestimmten diskursinternen Regeln und Erwartungen entsprechen, bei deren Verletzung sie von vornherein disqualifiziert ist. Und nicht jeder ist in gleicher Weise befugt, die Wahrheit zu sagen. Der Zugang zu wissenschaftlichen Diskursen wird zum Beispiel häufig von diskursexternen Faktoren wie akademischen Graden abhängig gemacht.

Wahrheit und Wissen sind Foucault zufolge nicht von gesellschaftlichen Praktiken zu trennen, da abweichende Gedanken oft als widersinnig, absurd, unvernünftig oder einfach verrückt bezeichnet werden. Besonders interessierte Foucault, wie in unserer Kultur mit dem Wahnsinn, den er von mehreren Gesichtspunkten aus thematisierte, umgegangen wird. In der modernen Literatur seien es »wahnsinnige« Dichter wie Antonin Artaud und Raymond Roussel gewesen, die bedeutende Werke vorlegten. Das absurde Theater von Samuel Beckett *Warten auf Godot* und Eugène Ionescos *Die kahle Sängerin* brachte den Nonsens auf die Bühne. Dies lege u.a. die Frage nahe, ob nicht im Wahnsinn auch eine Art von Wahrheit stecke.

Vor diesem Hintergrund und den Erfahrungen als Psychologiestudent in dem Pariser Krankenhaus Sainte-Anne entstand das in einer *einzigartigen poetischen und meditativen*[24] Sprache geschriebene Werk *Wahnsinn und Gesellschaft. Eine Geschichte des Wahns im Zeitalter der Vernunft (Folie et déraison, Historire de la Folie à l'âge classique 1961*. Es waren die aus den Berichten der Ärzte sorgsam herausgefilterten Schreie der Irren, die Foucault erschütterten und ihn auf die Idee brachten, dass sich unsere Kultur den Wahnsinn vom Leibe halten will. Doch nach Foucault gibt es keine Kultur ohne den Wahnsinn, der zum Beispiel im Rahmen von religiösen Riten und Festen oder magischen bzw. medizinischen Praktiken zum Ausdruck kommt.

In der in Uppsala, Warschau und Hamburg verfassten Schrift untersucht Foucault die europäische Geschichte des Wahnsinns vom 16. bis zum Anfang des 19. Jahrhundert als eine *Vor- und Urgeschichte der Psych-*

*iatrie.*[25] Welche Diskurse wurden über den Wahnsinn geführt und wie haben sie sich im Laufe der Zeit verändert? Die philosophische Grundthese des Werkes lautet, dass der Umgang mit dem Wahnsinn keinesfalls nur für die Medizingeschichte, sondern für die gesamte europäische Kultur von grundsätzlicher Bedeutung sei.

> *Der abendländische Mensch hat seit dem frühen Mittelalter eine Beziehung zu etwas, das er vage benennt mit: Wahnsinn, Demenz, Unvernunft. Vielleicht verdankt die abendländische Vernunft einiges von ihrer Komplexität gerade dieser vagen Daseinsform, so wie die* sophrosyne *der sokratischen Redner einiges der drohenden* hybris *verdankt. Auf jeden Fall stellt das Verhältnis von Vernunft und Unvernunft für die Kultur des Abendlandes eine der Dimensionen ihrer Ursprünglichkeit dar; schon lange vor Hieronymus Bosch hat dieses Verhältnis die abendländische Kultur begleitet und wird ihr auch über Nietzsche und Artaud hinaus noch folgen.* (WG 9)

Ursprünglich sollte Foucaults Werk *L'Autre tour de folie (Die andere Art des Wahnsinns)* heißen, doch da es sich um seine *thèse (Doktorarbeit)* handelte, musste ein akademischer Titel gefunden werden. In dem in Hamburg verfassten Vorwort leitet Foucault sein Thema ein: Genau genommen sei eine Vernunft, die das ihr andere ausschließt, nur eine Art von Wahnsinn. Das hätten jedenfalls Pascal und Dostojewski erkannt: *Pascal sagt: ›die Menschen sind so notwendig verrückt, dass nicht verrückt sein nur hieße, verrückt sein nach einer anderen Art von Verrücktheit.‹ Und Dostojewski schreibt einmal: ›Man wird sich seinen eigenen gesunden Menschenverstand nicht dadurch beweisen können, dass man seinen Nachbarn einsperrt.* (WG 7) Erst aus der Konfrontation mit der Unvernunft habe sich der in Europa beheimatete spezifische Vernunfttyp herausgebildet. Nach Foucault gibt es kein Muster, mittels dessen man für alle Zeiten und für alle Gesellschaften das Maß an Unvernunft und Vernunft messen könnte. Auch gibt es kein universelles Substrat genannt Wahnsinn, sondern Vernunft und Unvernunft gingen immer erst aus einer Grenzziehung hervor.

Als von der europäischen Vernunft ausgeschlossen begreift Foucault: 1. die Abgrenzung gegenüber dem Orient, 2. gegenüber dem Traum, den die Vernunft als unwahr lächerlich mache, 3. die Sexualität und 4. den Wahnsinn. Den Wahnsinn gibt es Foucault zufolge in keiner Rohform, sondern nur in einem gesellschaftlichen Beziehungssystem: *Den Wahnsinn findet man nicht im Naturzustand. Der Wahnsinn existiert nur in einer Gesellschaft, er existiert nicht außerhalb der Formen, die ihn isolieren, und der Formen einer Zurückweisung, die ihn ausschließen oder gefangen nehmen.* (DE IV, 236) Auf die kürzeste Formel gebracht fasse unsere Kultur den Wahnsinn als ein *Fehlen der Arbeit* (WG 11) auf. Der Wahnsinnige rede, tue, lebe nicht das Nützliche, sondern das Zweck- und Sinnlose. Er bringe kein vernünftiges Werk hervor. Doch und gerade vor dieser Ausschließung erhebe sich – so Foucault – unsere abendländische Kulturform. Denn mit der Behauptung, dass der Irre keine richtige Sprache spreche, sondern nur stammele, indem man seine Gesten denunziere und nur die eigenen Gesten als sinnvoll bewerte, etabliere sich der Unterschied zwischen einer wichtigen Tat, einer erzählwürdigen Geschichte, einer produktiven Handlung und dem sinnlosen Gestammel der Wahnsinnigen. Die von den Verrückten gesprochenen Sätze seien im Gegensatz zu den von den Historikern herangezogenen Dokumenten nur schwer – wenn überhaupt – zu rekonstruieren. Deshalb spricht Foucault auch vom Schweigen des Wahnsinns, dem seine Studie gleichwohl in letzter Instanz gelten sollte.

Foucault behauptet, dass es in Europa eine Zeit gegeben habe, in der die Menschen keine Angst vor dem Wahnsinn gehabt hätten. Im Mittelalter und bis in die frühe Neuzeit hinein habe es noch ein Gespräch mit dem Wahnsinn gegeben. Mitunter seien die wunderlichen Reden, derer sich einige bedienten, sogar als Botschaften einer höheren Wahrheit verstanden worden. Im Theater hatte zum Beispiel die Figur des Narren häufig die Aufgabe, der Welt einen Spiegel vorzuhalten und tiefere Wahrheiten zu sagen. Ein eigenartiger Reiz sei vom Narren und vom Wahnsinn ausgegangen: *Für den Menschen des fünfzehnten Jahrhunderts haben die (...) Phantasmen seines Wahnsinns mehr Anziehungskraft als die begehrenswerte Realität des Fleisches.* (WG 39) Foucault behauptet, dass im Mittelalter und in der Renaissance der Wahnsinn keinesfalls ausgeschlossen wurde: *Im Mittelalter und in der Renaissance war die Auseinandersetzung des Menschen mit der Demenz ein dramatisches Gespräch (...)* (WG 1) Ganz im Gegenteil! *Auf allen Seiten faszinierte der Wahnsinn den Menschen* (WG 41); er sei Foucault zufolge bei Malern wie Stefan Lochner, Matthias Grünewald, Hieronymus Bosch, Pieter Bruegel, Dierick Bouts und Albrecht Dürer als eine faszinierende Macht, als der *tragische Wahnsinn der Welt* (WG 48) verstanden worden.

Der These Foucaults, dass man im Mittelalter und in der Renaissance dem Irren erlaubt habe *(...) im Schoß der Gesellschaft zu leben* (DE II,

163) widerspricht allerdings der amerikanische Wissenschaftshistoriker Edward Shorter. Shorter wirft Foucault eine romantisierende Darstellung des Wahnsinns vor dem Aufkommen der Heilanstalten vor. In Wirklichkeit habe es kein Goldenes Zeitalter in der Welt ohne Psychiatrie gegeben. Vielmehr seien die »Irren« misshandelt und aus ihren Dörfern vertrieben worden und hätten sich als Bettler in den Straßen Europas verdingen müssen.[26]

In der Renaissance habe laut Foucault mit dem Humanismus zugleich die Tendenz begonnen, den Wahnsinn als selbstständige Kraft nicht mehr ernst nehmen zu wollen. *Auf der anderen Seite wird der Wahnsinn mit Brant, Erasmus, mit der ganzen humanistischen Tradition in das Universum der Sprache aufgenommen, wo er sich verfeinert, subtiler wird und zugleich sich selbst entwaffnet.* (WG 48) Anstatt ihn als Heimsuchung, in die der Mensch tragisch verstrickt ist, wahrzunehmen, habe man ihm gegenüber ein erkennend beobachtendes Verhältnis eingenommen. Sebastian Brants *Narrenschiff* und Erasmus von Rotterdams *Lob der Torheit* seien Beispiele, wie der Wahnsinn von der Vernunft verharmlost worden sei. In ihnen werde so getan, als gehöre zu jedem Leben ein bisschen Narrheit dazu. Im Unterschied zur bildlich-tragischen Auseinandersetzung bei Breughel und Bosch sei die literarisch-sprachliche Auseinandersetzung mit dem Wahnsinns bei Brant und Erasmus als eine Art sportliche Herausforderung für das Denken aufgefasst worden. Die Narren hätten lediglich als moralisches Exempel gedient, nicht mehr als eine apokalyptische Erfahrung, die dem Menschen völlig fremd gegenüberstehe.

Habe es sich in der Renaissance nur um eine Verharmlosung des Wahnsinns gehandelt, sei man im klassischen Zeitalter (17. bis 18. Jahrhundert) zu seiner Abtrennung von der Gesellschaft übergegangen. Gebäude, die im Mittelalter zur Unterbringung von Leprakranken gedient hatten (Leprasorien[27]), wurden nun mit Unheilbaren, Armen, Wüstlingen, Müßiggängern und Irren belegt. Polizeiliche Ordnungsmaßnahmen sollten den Wahnsinn, der einst einen unheimlichen aber faszinierenden Charakter gehabt habe, vollends zum Schweigen bringen. *Im Vergleich mit dem unaufhörlichen Dialog zwischen Vernunft und Wahnsinn in der Renaissance war die klassische Internierung eine Verurteilung zum Schweigen.* (WG 520) In Frankreich wurden überall Hospize für Kranke, Obdachlose und Irre eingerichtet. Doch die *hôpitaux généraux* waren keine Krankenhäuser im heutigen Sinne, sondern reine Internierungshäuser ohne jede therapeutische Absicht.

Aus der Philosophie führt Foucault als Beispiel für den in der Neuzeit geführten Kampf gegen die Unvernunft René Descartes an, der an allem zweifelte mit der einzigen Ausnahme, dass er wahnsinnig sein könnte. In seinen *Meditationen* im Jahre 1685 habe Descartes alle Variationen des Irrtums (Sinnestäuschung, Traum) ausführlich diskutiert, bis auf die Möglichkeit des eigenen Wahnsinns, die er mit einer brüsken Geste »*nun ja sie sind eben von Sinnen*« ohne größeren Argumentationsaufwand von sich gewiesen habe. Dieser Ausschlussgeste der Philosophie habe die gesellschaftliche Praxis der Internierung der Irren entsprochen: von Foucault in seinem Buch die *Die große Gefangenschaft* des Wahnsinns im 17. Jahrhundert bezeichnet.

---

### Zitat

*Die Lepra verschwindet, die Leprakranken sind fast vergessen, aber die Strukturen bleiben. Oft kann man an denselben Orten zwei oder drei Jahrhunderte später die gleichen Formeln des Ausschlusses in verblüffender Ähnlichkeit wiederfinden. Arme, Landstreicher, Sträflinge, und ›verwirrte Köpfe‹ spielen die Rolle, die einst der Leprakranke innehatte* (...) (WG 22f)

---

Im 17. Jahrhundert wurden die Irren mit den Obdachlosen, Kriminellen, Armen, Alten, Müßiggängern und Kranken zusammen interniert. Doch die »große Einschließung«, wie Foucault sie nennt, habe in den Asylen zu einer derartigen Unordnung und Unzucht geführt, dass sie der sich formierenden bürgerlichen Gesellschaft hätten gefährlich werden können. Deshalb – und nicht aus humanitären Gründen – sei die Gesellschaft auf die Idee gekommen, die Asyle aufzulösen, um ihre Insassen für den Produktionsprozess zurückzugewinnen. Sonderte man zu Beginn des 18. Jahrhunderts die vagabundierenden Armen ab, um mögliche Unruhen zu vermeiden, versuchte man sie gegen Ende des Jahrhunderts unter veränderten politischen und ökonomischen Bedingungen wieder dem Produktionsprozess zuzuführen. Nach offizieller Lesart hat im Jahr 1793 der französische Arzt Philippe Pinel im Zuge der Französischen Revolution die Irren von ihren Ketten befreit. Pinel vertrat im Sinne des Wissenschafts- und Fortschrittsglaubens im Zeitalter der Aufklärung die Meinung, dass Wahnsinn kein Schicksal, sondern heilbar sei. Doch die von Pinel und dem englischen Philanthropen Samuel Tuke angewandten Behandlungsmethoden hatten Foucault zufolge nicht zu weniger, sondern zu mehr Kontrolle gegenüber dem Wahnsinn geführt. Tuke internierte seine Patienten solange in Asylen auf dem Land, bis sie als geheilt entlassen werden konnten. Und Pinel arbeitete mit eiskalten Duschen und Zwangsjacken, bis der Geisteskranke seine Schuld verinnerlichte und wieder als normal gelten konnte. Die »wissenschaftliche« Erforschung des Wahnsinns habe zu nichts anderem geführt, als dass aus einem »Wahnsinnigen« nun ein »Geisteskranker« wurde, der in den entstehenden Kliniken den kritisch kontrollierenden Blicken des Arztes unterworfen wurde. Zwar seien die äußeren Ketten gelöst worden, aber nur um den Kranken um so mehr an innere zu binden. Zum Beispiel, indem man ihm in der Klinik zu verdeutlichen versuchte, dass er es ja jederzeit selbst in der Hand habe, durch sein Verhalten entweder angekettet oder in die Freiheit entlassen zu werden. Dieser Appell an Freiheit und Verantwortung habe – so Foucault – den Wahnsinn in einer problematischen Art und Weise *moralisiert.*[28]

Es entstanden Asyle nur für Geisteskranke, wie das von Pinel geleitete Bicêtre, in denen an den von den anderen Problemgruppen isolierten Geistesgestörten genauere Beobachtungen vorgenommen werden konnten. Das ist es, was Foucault unter Macht-Wissen versteht: wie sich nämlich institutionelle Maßnahmen und die wissenschaftlich-empirische Forschung gegenseitig voraussetzen und ergänzen. *Es genügen zwölf Jahre, damit die drei oder vier Kategorien, in die man mit Leichtigkeit die Geisteskranken einteilte (Alienation, Geistesschwäche, Tobsüchtigkeit oder Furor), sich als ungenügend erwiesen, um das ganze Gebiet des Wahnsinns zu denken. Die Formen vervielfältigen sich, die Gesichter spalten sich.* (WG 399) Laut Foucault bedeutete die wissenschaftliche Klassifizierung, dass die Vernunft den Wahnsinn nur noch weiter als das fremde Objekt – als das Andere – von sich und der gesunden Gesellschaft entfernte. Einen wirklichen Dialog mit ihm habe es im Abendland nie gegeben. Die größte Distanz zum Wahnsinn realisierte sich gerade mit seiner wissenschaftlichen Erforschung, mittels derer er *(...) ›befreit‹ und ›human‹ geworden, hervortreten wird (...)* (WG 407)

Wenn der abendländische Mensch mit der Wissenschaft den Wahnsinn in die Defensive drängen will, so lässt sich letzterer dennoch nicht so leicht besiegen. Immer noch seien – so Foucault – der moderne Mensch und der Wahnsinn fest miteinander verbunden (vgl. WG 550). *Heute (...) greift man zum Alkohol oder zu anderen Drogen, die gleichsam einen künstlichen Wahnsinn erzeugen (...)* (DE II, 163) Gegen die klaren Einteilungen in vernünftig/unvernünftig hätten schon Goya, de Sade, Nietzsche und Artaud gelehrt, dass Vernunft und Unvernunft nicht so einfach voneinander zu kappen sind. Diese Denker ließen dem Wahnsinn einen Raum, bei ihnen setze die Unvernunft ihre »*Nachtwache*«[29]

fort. *Durch Sade und Goya erhielt die abendländische Welt die Möglichkeit (...) jenseits der Versprechungen der Dialektik die tragische Erfahrung wieder zu finden.*[30] Foucault schließt sein Werk mit einem Hymnus auf den Widerstandsgeist der tragischen Erfahrung des Wahnsinns, die sich eben nicht so leicht ausschließen lasse. *Seit dem Ende des achtzehnten Jahrhunderts manifestiert sich das Leben der Unvernunft nur noch im Aufblitzen von Werken wie Hölderlins, Nervals*[31]*, Nietzsches oder Artauds (...) weil sie durch ihre eigene Kraft jenem gigantischsten moralischen Gefangendasein widerstehen, das man gewöhnlich (...) die Befreiung der Irren durch Pinel und Tuke nennt.* (WG 536)

In einem Interview aus dem Jahre 1961 fasste Foucault den Inhalt von *Wahnsinn und Gesellschaft* noch einmal zusammen.

<blockquote>

**Zitat**

*Den Wahnsinn findet man nicht im Naturzustand. Der Wahnsinn existiert nur in einer Gesellschaft, er existiert nicht außerhalb der Formen der Empfindsamkeit, die ihn isolieren, und der Form der Zurückweisung, die ihn ausschließen oder gefangen nehmen. So lässt sich sagen, dass im Mittelalter und dann in der Renaissance der Wahnsinn im gesellschaftlichen Blickfeld als ästhetische oder alltägliche Gegebenheit gegenwärtig ist; im 17. Jahrhundert durchläuft der Wahnsinn dann – ausgehend von der Einschließung – eine Phase des Schweigens, der Ausschließung. Er hat diese Kundgabe- oder Offenbarungsfunktion verloren, die er in der Epoche Shakespeares oder Cervantes' hatte (zum Beispiel beginnt Lady Macbeth die Wahrheit zu sagen, als sie verrückt wird), er wird lächerlich und lügnerisch. Schließlich ergreift das 20. Jahrhundert den Wahnsinn, reduziert ihn auf ein natürliches, an die Wahrheit der Welt gebundenes Phänomen.* (DE I, 236f)

</blockquote>

Ausgerechnet Foucaults ehemaliger Schüler Jacques Derrida formulierte die wohl schärfste Kritik an *Wahnsinn und Gesellschaft.* Derrida kritisierte Foucaults Analyse, dass Descartes als erster die Möglichkeit des eigenen Wahnsinns brüsk von sich gewiesen habe, in zwei Punkten. (1) Die Trennung zwischen Vernunft und Unvernunft sei kein spezifisches Thema des 17. Jahrhunderts gewesen, sondern von grundlegender Natur, da *die Sprache gerade der Bruch mit dem Wahnsinn (...)*[32] sei. Folglich hätten schon Platon und alle anderen Philosophen den Wahnsinn von sich gewiesen. (2) Bei genauer Lektüre könne man zeigen, dass Descartes den Wahnsinn keineswegs ignorierte, sondern sich mit ihm sogar bis aufs letzte auseinandergesetzt habe. Sein *cogito ergo sum – ich denke, also bin ich* beinhalte keinerlei Aussage über die Vernünftigkeit bzw. Unvernünftigkeit von konkreten Denkinhalten, sondern gelte als rein temporärer Akt der Selbstgewissheit sogar noch *für den Allerwahnsinnigsten.*[33] Foucault habe Descartes' Philosophie zu sehr in das Prokrustesbett seines eigenen soziologisch-strukturalistischen Ansatzes gepresst und gerade deswegen ihren überzeitlichen Gehalt verkannt. Derridas Kritik kulminiert in dem Vorwurf, Foucault habe Descartes Denken fast so *terroristisch* in seinen eigenen Ansatz wie der Absolutismus die Irren ins Asyl gesteckt.

Auf diese Kritik antwortete Foucault: Zu Punkt (1) meinte er, dass Derrida wohl der Sinn für einen wahrhaften historischen Einschnitt – wie ihn das 17. Jahrhundert markiere – abgehe, wenn er Descartes auf eine Stufe mit Platon stelle. *Für Derrida konnte das, was im 17. Jahrhundert geschehen ist, nur ›Muster‹ (...) sein: die Kategorie des singulären Ereignisses ist ihm völlig unbekannt (...)* (DE II,350f) Indem sich Derrida auf drei »philosophische« Seiten des rund 650 Seiten umfassenden Werkes *Wahnsinn und Gesellschaft* fokussiere, entgehe ihm all das, was Foucault an Ausschluss-Problemen der modernen abendländischen Geschichte aufzeigen wollte: *So dass es für Derrida unnütz ist, sich mit der Analyse auseinander zu setzen, die ich für jene Serie von Ereignissen vorlege, die über zwei Jahrhunderte hinweg die Geschichte des Wahnsinns ausgemacht haben (...)* (DE II, 350) Derrida beziehe sich in seinen Analysen zu sehr auf die Textexegese und verkenne dabei, dass Descartes Akteur in einem bestimmten sozialen Kräfteverhältnis war, das sich gegen den Wahnsinn als eine der schärfsten Bedrohungen richtete. Zu Punkt (2) beharrte Foucault auf seinem Textverständnis, dass Descartes anders als maßgebliche Denker vor ihm *den Wahnsinn gar nicht in den Gang seines Zweifels hineinlässt.* (DE II, 353)

Beim Vergleich der beiden wohl bedeutendsten französischen Philosophen der jüngeren Vergangenheit fällt auf, dass sich Derrida stärker auf sprachliche Sinnstrukturen bezieht, während Foucault der Sprache zwar eine wichtige Funktion zuwies, ihre Bedeutung letztlich aber dem allgemeinen Machtgeschehen unterordnete: *Ich glaube, dass das, worauf man sich beziehen muss, nicht das große Modell der Sprache und der Zeichen, sondern das des Krieges und der Schlacht ist. Die Geschichtlichkeit, die uns mitreißt und uns bestimmt, ist kriegerisch; sie ist nicht sprachlicher Natur. Machtbeziehung, nicht Sinnbeziehung.* (DE III, 192)

Auf die Rezeptionsgeschichte von *Wahnsinn und Gesellschaft* geht Didier Eribon ein. Schon anlässlich der Disputation seiner These sei

Foucaults Aufwertung der Wahnsinnserfahrung (z. B. bei Nietzsche und Van Gogh) kritisch diskutiert worden[34] und in der Tat stimmte Foucault in einem Nietzsche Kolloquium aus dem Jahr 1964 der Meinung zu, dass *das Erlebnis des Wahns der absoluten Erkenntnis am nächsten käme.*[35] In einem Interview aus dem Jahre 1961 meinte Foucault, dass jede Kultur den Wahnsinn hat, den sie verdient (DE I, 237), was soviel heißen soll, dass eine Kultur, die den Wahnsinn völlig ausgemerzt habe, eine Unkultur sei. In den 60er Jahren las man das Buch entweder als Fortsetzung der wissenschaftshistorischen Untersuchungen von Gaston Bachelard und Georges Canguilhem oder als *Beschwörung der dunklen Mächte des Verbots nach Art von Lautréamont*[36] *oder Antonin Artaud.*[37] *Nach 1968 und nach der Entwicklung der luttes sectorielles, (...) d. h. der auf spezifische Bereiche bezogenen Kämpfe – Gefängnis, psychiatrisches Krankenhaus usw. –, wurde das Buch buchstäblich von den gesellschaftlichen Bewegungen aufgegriffen (...)*[38] Insbesondere diente es als eine Plattform für die Bewegung der Anti-Psychiatrie (Ronald D. Laing, David Cooper), der sich Foucault in einigen Initiativen anschloss. Die Zunft der Psychologen warf Foucault daraufhin vor, dass er die harte Realität einer Geisteskrankheit unzulässig romantisiere *als wunderbare Manifestation (...) als Aufblitzen des poetischen Genies,*[39] während sie in Wirklichkeit eine schwere Krankheit sei. Doch Foucault wollte sein Buch keineswegs als Entscheidung gegen die Ärzte und zugunsten der Wahnsinnigen verstanden wissen, sondern als Einladung, zusammen mit den Psychiatern alte Praktiken und Sichtweisen zu hinterfragen um neue Modi im Umgang mit dem Wahnsinn zu finden.

# Die Geburt der Klinik

*Die Nacht des Lebendigen weicht vor*
*der Helligkeit des Todes. (GK 160f)*

Mit dem 1963 erschienenen Werk Die Geburt der Klinik Eine Archäologie des ärztlichen Blicks (Naissance de la clinique. Une archéologie du regard médical) begab sich Foucault endgültig auf den Boden der Diskursanalyse. Die Diskursanalyse setzt sich von einem hermeneutischen Geschichtsverständnis ab, in dem es darum geht, hinter den Wörtern und Sätzen der überlieferten Texte einen umfassenden Sinn oder die »wirklichen« Motive der Akteure herauszulesen. Diese Art, über Menschen und Zeiten zu sprechen, als verstünde man sie besser als sie sich selbst, war Foucault suspekt. In der Diskursanalyse ging es Foucault darum, die Positivität von historischen Sichtweisen anzuerkennen. Eine historische Entwicklung lasse sich am besten dadurch begreifen, indem man sie vor dem Hintergrund dessen entwickelt, wogegen sie sich durchsetzte und in welchen Zusammenhängen sie sich befand.

Zitat

*Wäre nicht eine Diskursanalyse möglich, die in dem, was gesagt worden ist, keinen Rest und Überschuss, sondern nur das Faktum seines historischen Erscheinens voraussetzt? Man müsste dann eben die diskursiven Tatsachen nicht als autonome Kerne vielfältiger Bedeutungen behandeln, sondern als Ereignisse und funktionale Abschnitte, die ein sich allmählich aufbauendes System bilden. Der Sinn einer Aussage wäre nicht definiert durch den Schatz der in ihr enthaltenen Intentionen, (...) sondern durch die Differenz, die sie an andere wirkliche und mögliche, gleichzeitige oder in der Zeit entgegengesetzte Aussagen anfügt. So käme die systematische Gestalt der Diskurse zum Vorschein. (GK 15)*

Mit den Mitteln der Diskursanalyse glaubte Foucault in *Die Geburt der Klinik* zeigen zu können, dass das Individuum keinesfalls schon immer, sondern erst im Laufe des 19. Jahrhunderts durch die moderne Medizin (nicht durch die Philosophie!) in den Blick gekommen sei. Im Vergleich zu früheren Jahrhunderten sei erst im 19. Jahrhundert die Individualität des Menschen derart wichtig geworden. Das zeige alleine schon die damals üblich gewordene Praxis der Individualbestattung, die man zuvor nur in Ausnahmefällen kannte.[40] Die Ursache dafür sei weniger philosophischer Natur gewesen, sondern der medizinische Umgang mit dem Leichnam und dem Tod habe im Wesentlichen die neue – auf das Individuum – fokussierte Sichtweise hervorgerufen. Es sei die Medizin gewesen, in der *der erste wissenschaftliche Diskurs über das Individuum* (GK 207) geführt wurde.

Nach Foucault nahm im 19. Jahrhundert der Tod eine völlig andere Bedeutung an als in den Jahrhunderten zuvor. In der Renaissance sei der Tod zwar als tragisches Ereignis aber auch als ein großer Gleichmacher begriffen worden: *Die Totentänze waren so etwas wie egalitäre Saturnalien(...)* (GK 185) Der Tod war ein Jedermann, der alle trifft. Ganz anders der Tod im durch den ärztlichen Blick gegangenen 19. Jahrhundert, wo er Foucault zufolge aufgrund der Analyse der individuellen Krankheitsursachen im Gewebe und in der konkreten Ausformung der Organe die Einzigartigkeit (und sei es die einzigartige Schädigung) eines jeden Individuums offenbarte. Der Tod *konstituiert (...) die Einzigartigkeit; in ihm kommt das Individuum zu sich selbst, in ihm entkommt es der Monotonie und Nivellierung der Lebensläufe; in dem langsamen, halb unterirdischen und doch schon sichtbaren Herannahen des Todes wird das gemeine Leben endlich Individualität (...)* (GK 185) *Der Tod hat seinen alten tragischen Himmel verlassen und ist zum lyrischen Kern des Menschen geworden (...)* (GK 185) Zu einer Bemerkung des anatomischen Pathologen und Wegbereiters der modernen Medizin Xavier Bichat: *Öffnen Sie die Leichen: alsbald werden Sie die Dunkelheit schwinden sehen, welche die bloße Beobachtung nicht vertreiben konnte,* schrieb Foucault die berühmt gewordenen Worte: *Die Nacht des Lebendigen weicht vor der Helligkeit des Todes.* (GK 160f)

Das In-den-Blick-nehmen des Todes im Leichnam stand am Beginn der modernen, das Individuum erst erfindenden, Medizin. Als Bichat methodisch Leichen sezierte, setzte Foucault zufolge ein großer Wendepunkt im Selbstbild der Menschen ein. Gerade an der radikalsten *Manifestation der Endlichkeit* (GK 209), dem Leichnam, habe die *Wissenschaft vom Individuum* begonnen. Am toten Körper konnte das ganze *individuelle Substrat* (MP 394) von Krankheiten und Todesursachen diagnostiziert werden. Foucault behauptet, dass in den Jahrhunderten zuvor die

Ärzte weniger den einzelnen Kranken als vielmehr die Krankheit als solche im Visier gehabt hätten. Der Manifestation der Krankheit im konkreten Menschen sei mit Misstrauen begegnet worden, da sie ihr wahres Wesen eher verhülle.

Der Tod bedeute für den Menschen in der Moderne nicht mehr das radikal Andere, sondern die in Rechnung zu stellende Konsequenz des Lebens. Leben basiere auf dem Austausch unter den Organen und die Organe nutzten sich in diesem Austausch ab. Das was jetzt das Leben sichere, werde die Ursache des Todes sein. Doch der Tod könne dadurch an Schrecken verlieren, dass er mittels Medizin und Wissenschaft immer weiter zurückgedrängt wird. Der verstorbene Körper werde nicht mehr wie in früheren Epochen als etwas Heiliges betrachtet, sondern der tote Organismus biete die Chance durch eine Obduktion in den Körper einzudringen um zu untersuchen, was die im Körper verankerten konkreten Todesursachen waren. (GK 53) Gemäß Foucault haben die modernen Wissenschaften die Endlichkeit in die Menschen verpflanzt.[41] Erst aufgrund der Praxis der Obduktion sei eine Individualisierung der Krankheit und des Menschen möglich gewesen: *Es ist von entscheidender und bleibender Bedeutung für unsere Kultur, dass ihr erster wissenschaftlicher Diskurs über das Individuum seinen Weg über den Tod nehmen musste.* (GK 207)

# Die Ordnung der Dinge

*In einer Kultur, und in einem bestimmten Augenblick gibt es immer nur eine episteme, die die Bedingungen definiert, unter denen jegliches Wissen möglich ist. (OD 213)*

Das von Friedrich Kittler als Foucaults *elegantestes Buch*[42] bezeichnete Werk *Die Ordnung der Dinge: eine Archéologie der Humanwissenschaften* (Les mots et les choses, Une archéologie des sciences humaines) erschien im Jahr 1966.[43] In ihm wollte Foucault den Mythos vom kontinuierlich wachsenden Erkenntnisfortschritt in den modernen Wissenschaften zerstören. Gewiss hätten sich die Wissensmodelle von der Renaissance bis hin zur Moderne geändert, doch das heiße nicht, *(...) dass die Vernunft Fortschritte gemacht hat, sondern dass die Seinsweise der Dinge und der Ordnung grundlegend verändert worden ist (...)* (OD 25) Dass die erste Auflage schon bald vergriffen war, überraschte Foucault, der sich ursprünglich an die eher kleine Gruppe von Wissenschaftstheoretikern und -historikern wenden wollte. Während Foucault in *Wahnsinn und Gesellschaft* beschrieben hatte, wie sich in der abendländischen Gesellschaft die Vernunft über das von ihr Ausgegrenzte definiert, analysierte er in *Die Ordnung der Dinge* die positiven Ordnungsmuster desselben Denkens, also wie etwa zwischen 1650 bis 1850 die Wissensgegenstände eingeordnet und beherrscht worden seien. (vgl. DE II, 206)

Um seine These vom Wandel der Denksysteme zu erläutern, zog Foucault ein von dem argentinischen Schriftsteller Jorge Luis Borges erfundenes Ordnungssystem heran. In einer *gewissen chinesischen Enzyklopädie* heiße es, dass: *die Tiere sich wie folgt gruppieren: a) Tiere, die dem Kaiser gehören, b) einbalsamierte Tiere, c) gezähmte, d) Milchschweine, e) Sirenen, f) Fabeltiere, g) herrenlose Hunde, h) in diese Gruppierung gehörige, i) die sich wie Tolle gebärden, k) die mit einem ganz feinen Pinsel aus Kamelhaar gezeichnet sind, l) und so weiter, m) die den Wasserkrug zerbrochen haben, n) die von weitem wie Fliegen aussehen.* (OD 17) Es erscheint unmöglich eine solche Gruppierung ernst zu nehmen und doch stößt sie uns vor dem Hintergrund der vielen sich ablösenden Paradigmen in der Geschichte der Denksysteme auf die Frage, wie es um die Dauer von epistemischen Modellen bestellt ist.

Foucault analysiert die Wissensmodelle (Episteme) der Renaissance (16. Jh.), der Klassik (17.-18. Jh.) und der Moderne (gemäß französischer Einordnung die Zeit nach der Französischen Revolution) als *in der Zeit gebildete Apriori* (OD 261) alles damaligen Wissens. In der Renaissance habe sich die Erkenntnis vor dem Hintergrund eines geordneten kosmologischen Weltbildes am Phänomen der *Ähnlichkeit* orientiert. *Bis zum Ende des sechzehnten Jahrhunderts hat die Ähnlichkeit im Denken (savoir) der abendländischen Kultur eine tragende Rolle gespielt.* (OD 46) So wurde zum Beispiel in einem Werk aus jener Zeit der menschliche Körper mit Flüssen, Meeren und Metallen verglichen. *Sein Fleisch ist eine Scholle, seine Knochen sind Felsen, seine Adern große Flüsse. Seine Harnblase ist das Meer, und seine sieben wichtigsten Glieder sind die sieben in der Tiefe der Minen verborgenen Metalle.* (OD 52) Oder es wurden Analogien zwischen Menschenkörpern und Vogelkörpern gebildet. *So wie wir vier Zehen an den Füßen haben, haben die Vögel vier Krallen, von denen die hintere dem großen Zeh bei uns entspricht.* (OD 52)

Das Denken der Renaissance kannte vier Formen der Ähnlichkeit: 1. *Convenientia* (Ähnlichkeit, die sich aus der Nachbarschaft von Orten ergibt), 2. *Aemulatio* (berührungslose Ähnlichkeit, die in der Entfernung wirkt), 3. *Analogie* (kombiniert proportional 1 und 2 *Das Verhältnis etwa der Sterne zum Himmel, an dem sie glänzen, findet sich wieder zwischen Gras und Erde (...)* (OD 51) und 4. der *Sympathie,* (irgendwie sei alles mit allem verwandt und verwoben). So bestehe zum Beispiel zwischen den *Augen und dem Eisenhut (...) eine Sympathie. Diese unvorhergesehene Affinität bliebe im Schatten, wenn es auf der Pflanze nicht eine Signatur, ein Zeichen und gewissermaßen ein Wort gäbe, das besagte, dass sie für die Augenkrankheiten gut ist. Dieses Zeichen ist vollkommen lesbar in ihren Samenkörnern: das sind kleine dunkle Kügelchen, eingefasst in weiße Schalen, die ungefähr das darstellen, was die Lider für die Augen sind.* (OD 58) Es wurden damals über ein Wissensgebiet endlose Kommentare geschrieben. So zum Bespiel in einem Kapitel über die Schlange, das in die Rubriken: Natur und Gewohnheiten, Fangweisen, Tod und Verwundungen durch die Schlange, Mythologie, Beiwörter, Embleme und Symbole, rätselhafte Wunder, Träume, Medizin usw. eingeteilt wurde. Späteren Wissenschaftlern seien diese assoziativen »Erkenntnisse« nur noch wie ein *Schwall von Geschriebenem* (OD 72) vorgekommen.

Das Wissensmodell der Ähnlichkeit wurde als ungenügend empfunden, so dass es zu seiner Veränderung kam. Foucault fragt, wie man sich solche Veränderungen in den Wissenskoordinaten erklären kann? *Wie geschieht es, dass das Denken sich von jenen Ufern löst, die es einst bewohnte (...), und dass es genau das in den Irrtum, die Schimäre und das Nicht-Wissen taumeln läßt, was noch nicht einmal zwanzig Jahre zuvor im lichten Raum der Erkenntnis angesiedelt und bestätigt wurde?* (OD 269) Wie die Strukturalisten glaubte er, dass Veränderungen in der Episteme nicht als bewusste Planungen, sondern als Folge komplexer Zusammenhänge innerhalb von größeren *Beziehungsgeflechten* (DE II, 599) zu verstehen seien. Während jedoch die Strukturalisten von universalen strukturalen Ähnlichkeiten ausgehen, interessierte sich Foucault für die historischen Diskontinuitäten in der Transformation von Diskursen. Es seien kollektive Handlungen, die zu neuen Weltbildern und wissenschaftlichen Resultaten führten. Im Zeitalter der Klassik (in Foucaults Periodisierung das 17. und 18. Jahrhundert) wurde das Wissensmodell von der Episteme der *Ähnlichkeit* zum Modell der *Repräsentation* verschoben. Nicht die Ähnlichkeit der Dinge und Zeichen untereinander, sondern die auf Fakten bezogene Ordnung der Sprache sei nun wichtig geworden. Ungefähr zur gleichen Zeit als der englische Philosoph Francis Bacon mit dem Argument *Der menschliche Geist setzt vermöge seiner Natur leicht eine größere Regelmäßigkeit und Gleichheit in den Dingen voraus, als er später findet* (OD 84) davor warnte, Wissen auf Ähnlichkeit aufzubauen, habe der Spanier Miguel de Cervantes im *Don Quichotte* gezeigt, wie gefährlich es sei, in Analogien zu denken, denn dann erscheine schon einmal die Windmühle wie ein Riese und Tierherden wie Armeen.

Um solche Irrtümer zu vermeiden disziplinierte sich das Denken der Klassik und versuchte in Form von Tabellen, Skizzen, Übersichten etc. Ordnung in die Welt zu bringen. *Die Klassik liebt Überblicke, Tabellen, Bilder – wobei die Bilder mit Namens- und Bezeichnungsordnungen in systematischer Übereinstimmung stehen müssen.* (OD 269) *Das Zentrum des Wissens im siebzehnten und achtzehnten Jahrhundert ist das Tableau.* (OD 111) Im Unterschied zur Episteme des 19. Jahrhunderts, in der das Subjekt und der Mensch als die Basis alles Wissens erachtet wurden, sei das Wissen der Klassik darauf beschränkt gewesen, die sichtbaren Gegenstände auf der Grundlage klarer Ideen (Repräsentationen) zu klassifizieren und einzuordnen. Foucaults Interpretation eines berühmten Bildes des spanischen Barockmalers Diego Velasquez Las Meninas (portug. kleine Damen) auf Deutsch bekannt als *Die Hofdamen* von 1656 sollte dazu dienen, das *subjektlose* Wissensmodell der Klassik zu verdeutlichen.

Wie in Velasquez' Bild die abgebildeten Gegenstände aufeinander verweisen und jeder einzelne nur in einem System seinen Sinn erhält, so

Das Bild zeigt Velásquez malend vor seiner Leinwand und die von ihrem Hofstaat umgebene Infantin Margarete in einem Saal des Escorial. Entscheidend ist, dass das Bild sein Sujet nicht direkt aufweist, sondern es sich vielmehr um eine raffinierte Spiegelkomposition handelt, in der die abgebildeten Sachverhalte laufend auf andere verweisen, während die Hauptpersonen des Bildes – König Philipp IV. und seine Gattin Marianne – gar nicht direkt sichtbar sind: Das Königspaar ist zwar anwesend, aber nur als schemenhaftes Spiegelbild im Hintergrund. In der Episteme der Klassik drehe sich im Unterschied zur Episteme der Moderne (19. Jh.) *nicht* alles um das Erkenntnissubjekt, sondern seien die Bezüge unter den dargestellten Sachverhalten wichtiger als die Herrschaft eines Subjekts. *Dieses Sujet selbst, das gleichzeitig Subjekt ist, ist ausgelassen worden. Und endlich befreit von dieser Beziehung, die sie ankettete, kann die Repräsentation sich als reine Repräsentation geben.* (OD 45)

sei die klassische Episteme als Repräsentationsmodell zu verstehen. Erkenntnistheoretiker versuchten im 17. Jahrhundert zu erklären, wie von der Sinneswahrnehmung ausgehend mittels Repräsentation ein autonomer Denkraum immer komplexerer reinerer Beziehungen entsteht. *Die abstrakte Idee bedeutet die konkrete Perzeption, von der sie gebildet worden ist (Condillac); die allgemeine Idee ist nur eine besondere Idee, die den anderen Zeichen als Zeichen dient (Berkeley); die Vorstellungen sind Zeichen der Wahrnehmungen, von denen sie ausgegangen sind. (Hume, Condillac) (...)* (OD 100) In der empiristischen ebenso wie in der rationalistischen Erkenntnistheorie entferne sich das Zeichen von der Welt und beziehe sich auf die Vorstellung. *Damit sind die Zeichen also von dem ganzen Gewimmel der Welt befreit, in dem die Renaissance sie einst eingeteilt hatte.* (OD 102). Die »wimmelnde Welt« bildete nur noch einen undefinierten Hintergrund, auf dem die Erkenntnis autonom ihre Beziehungen, Maße und Identitäten tabellarisch eintragen könne. (OD 103) Was bleibt ist die Repräsentation, als *Durchblick durch klare Ideen.*[44]

Die die Klassik kennzeichnende Hervorhebung der *Mathesis* – so Foucault – habe sich nicht so sehr, wie es üblicherweise heißt, auf die Mathematik und die Geometrie gestützt, sondern ganz allgemein die Bedeutung der Ordnung als einer Systematik von Zeichen bzw. einer systematischen Taxonomie (DE I,648) betont. Mehr noch als die Mathematik bildete deshalb der Diskurs als eine geordnete Zeichenfolge die Grundlage des klassischen Denkens. Doch diese reine Systematisierung des Wissens sei bald auf ihre Grenzen gestoßen. Das Wissensmodell des Diskurses habe gegen Ende des 18. Jahrhunderts immer mehr an Reiz verloren. In der Philosophie erfolgte durch Hume[45] eine radikale Kritik an der Kausalität als Verknüpfungspunkt der Phänomene. Wenn dieser Zentralbegriff der Wissenschaften in eine Krise geriet, musste das gesamte bisherige Repräsentationssystem ins Wanken geraten. Im Sinn eines radikalen Ereignisses – so Foucault – veränderte sich die Episteme erneut. In das Modell des Tableaus sei die Geschichte eingebrochen. *Es gibt eine Veränderung von der Ordnung zur Geschichte.* (OD 272) Plötzlich erschien das Denken der Klassik nur noch als *oberflächliches Glitzern.* (OD 308) Folgt man Foucault, so steht am Wendepunkt dieses Ereignisses der französische Schriftsteller Marquis de Sade, der unterhalb der klassischen Klassifikationssysteme die Bedeutung des Verlangens, der Gewalt, des Lebens und des Todes ins Zentrum gerückt habe. *De Sade gelangt ans Ende des Diskurses und des Denkens der Klassik. Er herrscht genau an ihrer Grenze. Von ihm werden Gewalt, Leben und Tod, Verlangen,*

*Sexualität unterhalb der Repräsentation eine immense, schattige Schicht ausbreiten (...)* (OD 264)

*Ereignishaft* habe das tabellarische Ordnungsgefüge der Klassik an Kohärenzkraft verloren – *der Raum der Analyse konnte (...) nicht mehr umhin, seine Autonomie zu verlieren* (OD 308) – um zur neuen Episteme des anthropologischen Denkens überzugehen. Ein neues historisches Apriori, ein neues Ordnungsmuster, eine neue Episteme sei *erfunden* worden: die Episteme des Menschen. Ein solcher Ordnungswechsel kommt nach Foucault einem historischen Umbruch, ja einer neuen Seinsweise gleich. Es änderten sich ganze Wirklichkeitsmuster; mithin eine ganze Welt.[46] Nicht mehr Gott, auch nicht die reine Vernunft, sondern der endliche Mensch sei nun als der Schöpfer aller Synthesen und des Sinnes angesehen worden. Natürlich gab es auch in früheren Epochen Reflexionen über den Menschen, seine Stellung in der Welt und Natur, aber *keine unter ihnen (hat) den Menschen je so gekannt (...), wie es dem modernen Wissen gegeben ist* (OD 384), nämlich zugleich als Schöpfer (Subjekt) und wichtigster Bezugspunkt (Objekt) aller Erkenntnis. Doch wenn der Mensch ein Produkt einer bestimmten zufällig aufgetauchten Wissensformation ist, dann spricht alles dafür, dass auch diese Episteme einmal untergehen wird. Der Mensch ist nach Foucault *eine junge Erfindung* und *wird verschwinden (...) sobald unser Wissen eine neue Form gefunden haben wird.* (OD 27) Philosophisch habe Kant an der Schwelle zur Modernität gestanden.

Exkurs

**Kants Kritik an der Episteme der Klassik**
Kant hatte in seiner *Kopernikanischen Wende* eine Philosophie formuliert, in der der Mensch (sein Leben, seine Endlichkeit, seine Verstandeskräfte) in den Mittelpunkt geriet. Kant kritisierte das Denken der Klassik in einigen entscheidenden Punkten. Die reine Mathematik wird von ihm ebenso wie die reine Geometrie in ihre Grenzen gewiesen *(Kritik der reinen Vernunft)* und die Notwendigkeit eines radikalen Bruchs in der Erkenntnistheorie herausgearbeitet (Kopernikanische Wende). Das mathematische und naturwissenschaftliche Denken sei – so Kant – in einem ursprünglicheren A priori begründet: den reinen Anschauungsformen Raum und Zeit und den zwölf Verstandeskategorien sowie der transzendentalen Notwendigkeit des Selbstbewusstseins eines *Ich denke.* In Kants Philosophie hat das Subjekt das, was es an der Welt verstehen kann – das Allgemeine – selbst in sie hineingelegt.

Von da an – so Foucault – sei der Mensch als die wichtigste Erkenntnisursache eingeschätzt worden. Wenn jedoch der endliche Mensch der Mittelpunkt ist, ergebe sich ein Paradox: Der Mensch produziert die Erkenntnis. Doch was, wenn er seinen Erkenntnisapparat auf sich selbst anwendet und sich selbst analysiert? Dann ist er Objekt der Erkenntnis, obwohl er doch eben noch der Urheber aller Objektivität war. Foucault spricht in diesem Zusammenhang vom Menschen als von einer *empirisch-tranzendentalen Dublette. Der Mensch ist in der Analytik der Endlichkeit eine seltsame, empirisch-transzendentale Dublette, weil er ein solches Wesen ist, in dem man Kenntnis von dem nimmt, was jede Erkenntnis möglich macht.* (OD 384) Dieses Paradox sei bei Kant zwar angelegt gewesen, aber wegen seiner Trennung zwischen Erkenntnistheorie und Anthropologie nicht virulent geworden. Demgegenüber sei das Denken im 19. Jahrhundert vollends in einen *anthropologischen Schlummer* gefallen. Der Mensch sei nun radikal in den Mittelpunkt der Episteme getreten und mit den Humanwissenschaften seien die mythischen Diskurse der modernen westlichen Gesellschaften entstanden.

Im 19. Jahrhundert sei in den Wissenschaften der Gedanke vorherrschend geworden, dass der Mensch selbst der Begründer aller objektiven Wertschöpfung sei. Dies versuchte Foucault am Beispiel der *Ökonomie*, der *Biologie* und der *Linguistik* zu zeigen. In der klassischen Reichtumsanalyse des 17. Jahrhunderts wurde der Wert eines Gegenstandes allein in Bezug auf den Tausch gedacht. Dies änderte sich im Tiefenstrukturmodell des 19. Jahrhundert, wo vom Wertschöpfungsprinzip der *Arbeit* ausgegangen wurde. In den Gegenständen stecke sehr wohl ein Wert, nämlich die in sie investierte Arbeit. In der Nationalökonomie habe David Ricardo den Menschen über die Arbeit und die Produktion in den Mittelpunkt der Betrachtung gerückt. Der Wert der Dinge liege weder in ihnen selbst noch im Austausch, wie in der Klassik behauptet wurde, sondern werde ihnen durch die menschliche Arbeit erst zugefügt (Arbeitswerttheorie). Ricardo habe mit der Hervorhebung des Begriffs der Arbeit der Episteme des 19. Jahrhunderts entsprochen, nämlich den Menschen ins Zentrum zu rücken.

Der klassischen Naturlehre sei es um ein System der Klassifikationen, einem Netz von Unterschieden in der Natur, zum Beispiel den Pflanzen und Tieren, gegangen. Carl von Linné und der französische Naturforscher Georges Buffon hätten die sichtbaren Phänomene klassifiziert, indem sie die einzelnen Lebewesen in ein Tableau einordneten und ihre Elemente sowie Eigenschaften aufzählten und miteinander verglichen. Demgegenüber seien in der Biologie des 19. Jahrhunderts die bloßen

Erscheinungen der Natur als nicht mehr so wichtig erachtet worden. Vielmehr habe man damit begonnen die Körper zu sezieren, um ihr Innerstes bloßzulegen. Hinter aller Erscheinung stecke nämlich das verborgene Prinzip des *Lebens*, aufgrund dessen erst alle Anatomie, alle Anordnung der Organe gesehen und verstanden werden könne. Die Funktionsweise der Organe, ihr Zusammenwirken, die Organisation eines Wesens wurden als wichtiger erachtet als der bloße Vergleich von äußerlich sichtbaren Unterschieden zwischen den Dingen.

In der Linguistik schließlich hätte man einen ähnlichen Paradigmenwechsel wie in der Ökonomie und der Biologie feststellen können. In der Klassik sei untersucht worden, mit welcher Sprache man die Dinge am besten klassifizieren und beschreiben könne. Als Beispiel ließe sich Leibniz' Versuch, eine streng logische Sprache zu entwickeln anführen. Die Sprache selbst hätte dabei keine Bedeutung produziert. Doch im 19. Jahrhundert vertraten die Sprachwissenschaftler die These, dass die Sprache in einem tiefen Ursprung wurzele, sie sei von einer Kultur gesetzt und voller subjektivem Sinn und historischer Bedeutung. Es handele sich bei der Sprache genau genommen um eine Volkssprache, die aus einem Handeln (Humboldts *energeia* im Gegensatz zum reinen *ergon*) entstehe. Letztlich drücke sie einen Volksgeist aus. Somit habe auch in der Sprachbetrachtung der aktive, dynamische Effekt wie in der Volkswirtschaft mit dem Begriff der *Arbeit* und in der Biologie mit dem Begriff des *Lebens* im Vordergrund gestanden. Ein Volk handele durch seine Sprache und gebe sich in seiner Sprache seine Subjektivität. Dieses Denken der Moderne beinhaltete laut Foucault gefährliche Aspekte.

> Zitat

> *Sobald es denkt, verletzt es oder versöhnt es, nähert es an oder entfernt es, bricht es, dissoziiert es oder verknüpft es erneut. Es kann nicht umhin, entweder zu befreien oder zu versklaven. Noch bevor es vorschreibt, eine Zukunft skizziert, sagt, was man tun muss, noch bevor es ermahnt, oder Alarm schlägt, ist das Denken* (des 19. Jahrhunderts R.R.) *auf der einfachen Ebene seiner Existenz, von seiner frühesten Form an, in sich selbst eine Aktion, ein gefährlicher Akt.* (OD 396)

Zusammengefasst hat sich aus Foucaults Sicht die Episteme vom 18. zum 19. Jahrhundert von einem Paradigma der »Ordnung« zu dem der »Tiefe« transformiert. *So erfindet sich die europäische Kultur eine Tiefe, in der nicht mehr von Identitäten unterscheidenden Merkmalen (...) sondern von großen verborgenen Kräften (...) von der Kausalität und der Geschichte die Rede sein wird.* (OD 308) Der Episteme des 19. Jahrhunderts sei es nicht mehr wie derjenigen der Klassik um ein kühles Registrieren der Phänomene, sondern um das Auffinden derjenigen Prozesse (Leben, Arbeit, Sprache) gegangen, die das Dasein der Menschen bestimmen. *Die Arbeit, das Leben und die Sprache erscheinen jeweils als ›Transzendentalien‹, die die objektive Erfahrung der Lebewesen, der Produktionsgesetze und der Formen der Sprache ermöglichen.* (OD 301) Für Foucault handelt es sich bei dieser Art von Episteme um ein gefährliches Konzept. Was nicht in die anthropologische Erkenntnisform passe, werde als rückschrittlich und als zu überwindender Ballast angesehen.

Mit der anthropologischen Transformation war Foucault zufolge der Raum abgesteckt, in dem sich die *eigentlichen Humanwissenschaften*, die Psychologie, die Soziologie, die Pädagogik usw. entwickeln konnten. Erkenntnisziel der Humanwissenschaften sei es gewesen, das einzigartige freie selbstbestimmte Wesen des Menschen im Unterschied zur übrigen Natur zum Ausdruck zu bringen. Doch in ihren Untersuchungen seien die Humanwissenschaften geradezu auf das Gegenteil dessen gestoßen, was man begründen wollte. Anstatt im menschlichen Bewusstsein die Freiheit und Autonomie des Subjektes zu finden, sei man auf *unbewusste* Strukturen und Triebe gestoßen, die den Menschen beherrschten. In einem späteren Interview führte Foucault diesen zentralen Gedanken seiner Philosophie aus:

**Zitat**

*Als man sich daran machte, den Menschen als mögliches Objekt des Wissens zu erforschen, da fand man zwar mancherlei wichtige Dinge heraus, aber diesen sagenumwobenen Menschen, das Eigentümliche des Menschen, diese menschliche Natur oder das Wesen des Menschen fand man nicht. Als man zum Beispiel die Phänomene des Wahnsinns oder der Neurose untersuchte, stieß man auf ein Unbewusstes, das gänzlich von Trieben und Instinkten beherrscht war; ein Unbewusstes, das aufgrund von Mechanismen und innerhalb eines topologischen Raumes funktionierte, die absolut nichts mit dem zu tun hatten, was man vom Wesen des Menschen, von der menschlichen Freiheit oder vom menschlichen Dasein erwartet hatte; ein Unbewusstes, das nach Art einer Sprache funktioniert, wie man seit kurzem sagt. Je tiefer man in den Menschen eindrang, desto mehr verflüchtigte er sich. je weiter man ging, desto weniger fand man ihn. Dasselbe gilt für die Sprache. Seit dem Beginn des 19 Jahrhunderts er-*

*forschte man die Sprache, um einige der großen Konstanten des menschlichen Geistes ausfindig zu machen. Man hoffte, wenn man das Leben der Worte untersuchte, die Entwicklung der Grammatiken erforschte und die verschiedenen Sprachen miteinander vergleicht, werde gewissermaßen der Mensch selbst hervortreten, entweder in der Einheit seines Gesichts oder in der Vielfalt seiner verschiedenen Profile. Aber was fand man, als man in der Sprache nach dem Menschen grub? Man fand Strukturen. Man fand Korrelationen. Man fand ein quasi-logisches System. Doch den Menschen in seiner Freiheit und seinem Dasein fand man auch dort nicht.* (DE IV, 847)

In der modernen Ethnologie (Claude Lévi-Strauss), der Linguistik und der Psychoanalyse Lacans sei nicht mehr von dem Menschen, sondern nur noch von Strukturen die Rede, sodass Foucault am Schluss seines Werkes die Prognose wagt: *Man kann wohl wetten, dass der Mensch verschwinden würde wie am Saum des Meeres ein Gesicht aus Sand.*[47] Später präzisierte er sein Wort wie folgt: *Wenn ich sagte, dass der Mensch aufgehört hat zu existieren, so wollte ich natürlich nicht sagen, dass der Mensch als Lebewesen oder als Gesellschaftswesen vom Planeten verschwunden ist. Das gesellschaftliche Funktionieren ist und bleibt das Funktionieren der Individuen in Beziehung aufeinander.*[48] Wie sich das Ende des Menschen genau ereignen könnte, darüber stellte Foucault nur vage Vermutungen an. Ein Ausgangspunkt könnte die Entwicklung der Sprache sein, wie sie sich als weitgehend subjektlose im Werk von Autoren wie Nietzsche, Hölderlin, Mallarmé, Artaud abzeichne: *Die ganze Neugierde unseres Denkens richtet sich jetzt auf die Frage: Was ist die Sprache, wie kann man sie umreißen, um sie in sich und ihrer ganzen Fülle erscheinen zu lassen? (...)* (OD 371) Was sich abzeichne sei eine subjektlose Sprache, deren Vorbote sich in der modernen Literatur eines Kafka, Roussel oder Beckett schon abzeichne: *Künftig wird die Sprache ohne Anfang, ohne Endpunkt und ohne Verheißung wachsen. Die Bahn dieses nichtigen und fundamentalen Raumes zeichnet von Tag zu Tag den Text der Literatur.* (OD 77)

Exkurs

### Gender-Studies

Foucaults offenes Konzept des Menschen wurde in den sogenannten Gender-Studies aufgegriffen. Der Begriff »Gender« stammt aus der Sexualpsychologie und meint in letzter Konsequenz, dass es das biologische Geschlecht nicht gebe. Er sollte ursprünglich transsexuellen Menschen helfen. Ein Transsexueller fühlt sich zum Beispiel als Frau, während er von seinen biologischen Merkmalen als Mann eingestuft wird. Der Begriff Gender löst sich nun vom Konzept des biologischen Geschlechts (im Englischen: sex) und bezieht sich auf die gefühlte Geschlechtszugehörigkeit. Diese sei weitgehend sozial hervorgerufen und eine gesellschaftspolitische Konstruktion. Als Hauptvertreter des Gender-Begriffs gilt die in Berkeley lehrende amerikanische Philosophin Judith Butler. Butler lehrt, dass die Einteilung der Kinder in Jungen und Mädchen willkürlich sei, ebenso könnte man die Neugeborenen auch nach ganz anderen Gesichtspunkten unterscheiden, etwa in Große und Kleine, Dicke oder Dünne usw. In der Annahme eines Geschlechts liege schon eine gewaltsame Zuweisung von Identität.

## Foucault und Sartre

Sartre hatte Foucaults Schrift *Die Ordnung der Dinge* gelesen und kritisierte an ihr den strukturalistischen und seiner Meinung nach unhistorischen Ansatz. Foucault zeichne zwar wichtige Veränderungen im System des Wissens nach, ohne jedoch auf die entscheidende Frage, warum diese eingetreten seien und wem sie nützten, einzugehen. *Was Foucault uns bietet, ist (...) eine Geologie: die Reihe sukzessiver Schichten, die unseren ›Boden‹ bilden. Jede dieser Schichten definiert die Bedingungen der Möglichkeit einer bestimmten Denkweise, die im Laufe einer bestimmten Periode triumphiert hat. Aber Foucault erklärt uns nicht, was ja das Interessante wäre: nämlich wie jedes Denken von diesen Bedingungen aus strukturiert wird und wie die Menschen von einem Denken zum anderen übergehen. Dazu müsste er die Praxis ins Spiel bringen, also die Geschichte, und eben das lehnt er ab.*[49] Sartres Kritik gipfelt in dem Vorwurf Foucaults Werk sei das letzte Bollwerk der Bourgeoisie im Kampf gegen das Proletariat, worauf Foucault erwiderte: *Arme Bourgeoisie, wenn sie nur mich als Bollwerk hätte, so hätte sie die Macht längst verloren!* (DE IV, 77) Foucault sah in Sartre einen der letzten Marxisten und Hegelianer, der an die Vernunft und an ein Ziel der Geschichte glaube. Der moderne Denker ist nach Foucault kein Allround-Intellektueller, der zu jedem und allem etwas zu sagen habe. Von Denkern, die sich Utopien ausdächten, die sie dann verwirklichen wollten, seien im Verlauf der Geschichte schon genügend Katastrophen ausgegangen. Mit dem Gegensatzpaar eines universalen versus *spezifischen Intellektuellen* fasst Foucault den Unterschied zu Sartre zusammen: *Der ›universale‹ Intellektuelle stammt von dem Rechtskundigen als Würdenträger ab und findet seinen vollkom-*

*mensten Ausdruck im Schriftsteller als Träger von Bedeutungen und Wer-
ten, in denen alle sich wiedererkennen können. Der ›spezifische‹ Intellektuelle stammt von einer ganz anderen Figur ab, nicht mehr dem
›Rechtskundigen als Würdenträger‹, sondern dem ›Wissenschaftler als Experten‹.* (DE III, 147f) Der spezifische Intellektuelle verfüge über Exper-
tenwissen, um konkret auf die Machtverhältnisse reagieren zu können.
Politisch jedoch kämpften Sartre und Foucault Seite an Seite gegen zu
repressive Bedingungen in Gefängnisanstalten.

# Die Archäologie des Wissens

Die weitgehend in Tunesien verfasste *Archäologie des Wissens* (L'Archéologie du Savoir) war als Methodenbuch zur Diskursanalyse und als Absage an die hermeneutische Trias von Autor, Werk und Leser gedacht.[50] In der Einleitung heißt es: *Man frage mich nicht, wer ich bin, und man sage mir nicht, ich solle der gleiche bleiben: das ist eine Moral des Personenstandes; sie beherrscht unsere Papiere.* (AW 30) Foucault führt in seinem Werk aus, wie unsere Erkenntnis stets an den historischen Ort gebunden ist, von dem aus sie entwickelt und modifiziert wird. Welche Aussagen erweisen sich zu welchem Zeitpunkt als sagbar und welche nicht? Um diese Grenzziehungen zu untersuchen, müsse prinzipiell alles Wissen einer Epoche untersucht werden. Der Historiker habe sich ins Archiv – das heißt auf das Gebiet der wirklich ausgesagten Dinge – zu begeben. *Die archäologischen Gebiete können ebenso durch ›literarische‹ oder ›philosophische‹ Texte gehen wie durch wissenschaftliche Texte.* (AW 261).

Die Archäologie unterscheidet sich von der herkömmlichen Ideengeschichte dadurch, dass sie die Geschichte nicht unter einem bestimmten Blickwinkel harmonisiert um sie als Fortschritt oder Verfall zu begreifen. Unter Archäologie versteht Foucault vielmehr eine Beschreibung des Auftauchens von Aussagen.[51] Für Foucault ist die Geschichte eine im Wesentlichen diskontinuierliche Serie von Ereignissen und nicht vorhersehbaren Abläufen. Geschichte laufe weder logisch noch dialektisch ab, sondern basiere auf der Durchsetzung von bestimmten Interessen. Immer hätte man sich auch einen anderen Ablauf vorstellen können. Weil das so ist, und weil wir somit in einem gewissen Sinn zufällig das geworden sind, was wir sind, muss begriffen werden, dass es auch jederzeit anders werden könnte. Als Fundament jeglicher Analyse nennt Foucault den Begriff *l'énoncé*, die Aussage bzw. das Ausgesagte, wobei lediglich das Vorkommen von Ausgesagtem wichtig ist und nicht seine Interpretation. Der Begriff Aussage meint nicht die linguistische Einheit des Satzes, auch nicht die logische des Arguments, sondern er bezieht sich ganz allein auf das Erscheinen bestimmter Sätze in einer bestimmten Zeit und in ihrer bestimmten Macht. Gerade, dass Dinge nicht verschwiegen, sondern gesagt worden sind, ist Foucaults Ausgangspunkt. Sofern Aussagen gemacht werden, können sie auch umgestellt werden und zu neuen Aussagesystemen zusammengefügt werden. Auffällige Verschiebungen in den Aussagetypen gelte es zu beschreiben. Probleme werden nicht von Anfang an thematisiert, den Archäologen interessiert, zu welchem Zeitpunkt sie ins Interesse rücken.

Foucault spricht davon, dass eine Aussage eine *Existenzfunktion* hat und definiert die Aussagenanalyse: *Die Aussagenanalyse ist also eine historische Analyse, die sich aber außerhalb jeder Interpretation hält: sie fragt die gesagten Dinge nicht nach dem, was sie verbergen, was in ihnen und trotz ihnen gesagt wurde (...) Sondern umgekehrt, auf welche Weise sie existieren, was es für sie heißt, manifest worden zu sein (...) was es für sie heißt erschienen zu sein – und dass keine andere an ihrer Stelle erschienen ist.* (AW 159) Wenn wir also historische Texte und Dokumente studieren, sollte nicht nach ihrem verborgenen Sinn gefragt werden, sondern was sie von anderen Diskurstypen unterscheidet. Foucaults Analyseprogramm Aussagetypen danach zu befragen, wie sie als Modifikationen früherer Diskurse auf der historischen Bühne erscheinen, erinnert an Heideggers Wahrheitsbegriff *aletheia = Unverborgenheit.* Wie Heidegger begreift auch Foucault Wahrheit nicht als Abbild von Strukturen, Vorstellungen, Ideen, sondern als ein Geschehen, in dem sich die Wahrheit ebenso ent- wie verbirgt.

Exkurs

### Heidegger

Kurz vor seinem Tod sagte Foucault, dass Heidegger für ihn *stets der wesentlichste Philosoph gewesen* (DE IV, 867) sei. *Mein ganzes philosophisches Werden war durch die Lektüre Heideggers bestimmt.* (DE IV, 868) Von Heidegger hat Foucault übernommen, dass Wahrheit keine einfache Übereinstimmung einer Aussage mit der Wirklichkeit sei, sondern dass sich die Wahrheit erst vor dem Hintergrund einer Dunkelheit, eines Schweigens, einer Rätselhaftigkeit – oder wie es bei Heidegger auch heißt – eines Holzweges zeigt. *Die aletheia ist, wie ihr Name sagt, nicht eitel Offenheit, sondern Unverborgenheit des Sichverbergens.*[52] Gemäß Foucault versuche unsere Kultur diesen »dunklen« Hintergrund, zum Beispiel den Wahnsinn, die Macht oder den Tod vom »gesunden« und »freien« Leben auszuschließen. Von Foucault abgelehnt wird allerdings Heideggers Ursprungsdenken, wonach die Wahrheit des Seins von einem bestimmten Punkt des abendländischen Denkens aus – für Heidegger seit Platon – verdeckt worden sei und man sie wieder freilegen könnte. Foucault bezieht sich in seinen Analysen auf wesentlich kürzere Zeitspannen, wenn er zeigen will, wie neue Diskursformen entstehen. *Mein ganzes philosophisches Werden war durch die Lektüre Heideggers bestimmt. [...] Nietzsche ganz allein sagte mir [...] gar nichts! Dagegen Nietzsche und Heidegger, das war der philosophische Schock!«* (DE IV, 868)

Für Foucault sind Aussagen *ein seltsames Ereignis,* das heißt, dass es in der Geschichte sehr viel mehr Möglichkeiten gegeben hätte, Dinge auszusprechen, Sätze zu kombinieren. Warum wurde gerade das ausgesagt, was ausgesagt wurde? Die Aussagenanalyse versucht das Gesetz dieser Grenzen zu ermitteln, sie will *das Prinzip bestimmen, gemäß dem nur diejenigen signifikanten Gesamtheiten haben erscheinen können, die Aussagen gewesen sind.* (AW 172f) Die Aussage bildet die erste Einheit im Diskurs. Unter Diskurs versteht Foucault eine Art vorbegriffliche Instanz, die konkrete Aussagetypen steuert. *Diskurs wird man eine Menge von Aussagen nennen, insoweit sie zur selben diskursiven Formation gehören.* (AW 170) Der Archäologe versucht nun *Serien* von Aussagen zu beschreiben, das heißt die *diskursive Formationen,* in der die einzelnen Aussagen vorkommen bzw. miteinander vernetzt sind. In dieser *Konstitution von Serien* (AW 16) liegt seine wohl wichtigste Aufgabe.

Dass es sich bei der Arbeit des Archäologen um wissenschaftliche Fiktionen handelt, betont Foucault ausdrücklich. Eine neutrale Geschichtsschreibung könne es nicht geben; jede Art von Historie diene bestimmten Zielen und Interessen. Bei der Diskursanalyse gehe es nicht um die Rekonstruktion und Sichtbarmachung von tiefer liegenden historischen Gesetzen, Mentalitäten oder Ideologien, sondern um die Freilegung von Brüchen und Transformationen in der Geschichte. Der Archäologe sehe, wie plötzlich neue Diskurse entstünden, bekannte Diskurse sich modifizierten. Ihm obliege es nun zu entscheiden, welche dieser Bruchlinien er in seinen Forschungen weiter verfolge. Deshalb sei historische Forschung jedoch keinesfalls beliebig, immer habe sie sich an das Archiv und das *historische Apriori* der *wirklich ausgesagten Dinge* zu halten. Dass in der bisherigen historischen Forschung einige Aussagetypen »übersehen« worden sind, sei nur Ansporn und Ausgangspunkt neue Sichtweisen zu entwickeln: *Vorausgesetzt, dass man deren Bedingungen klar definiert, wäre es legitim, ausgehend von korrekt beschriebenen Beziehungen, diskursive Mengen zu bilden, die nicht arbiträr wären, indessen aber unsichtbar geblieben sind.* (AW 45) Begriffe haben für Foucault nur eine methodologische Funktion, mit ihnen können keine allgemeinen historischen Gesetze ausfindig gemacht werden, sondern sie bildeten eine *Analysefront,* um relevante *Elementetypen* (WK 32) neuer Diskursformationen ausfindig machen zu können. Gegen Ende seines Werkes befindet sich ein kritisches Zwiegespräch mit sich selbst, in dem Foucault vor allem auf die Debatte um den Strukturalismus eingeht.

# Überwachen und Strafen

In den 70er Jahren wandelte sich Foucaults Denken von der *Archäologie* von Wissensformen (horizontale Beschreibung der Aussageanordnungen einer bestimmten Gesellschaftsformation) zur *Genealogie,* das heißt der vertikal-historischen Herleitung von Macht- und Wissensformen, die uns noch heute beherrschen. In einer Selbstkritik gestand er, dass ihm in seinen Werken vor 1968 noch weitgehend die Machtperspektive gefehlt habe: *Was (...) meiner Arbeit fehlte, war dieses Problem der ›diskursiven Ordnung‹, der sich aus dem Spiel der Aussagen ergebenden spezifischen Machtwirkungen.* (DM 26) Wissenschaftliche Erkenntnis werde nicht um ihrer selbst willen angestrebt, sondern enthüllt sich als Wille zur Macht. Ein Diskurs beschreibt keine Wahrheit, sondern er ist ein Instrument der Macht. *(E)r ist dasjenige, worum und womit man kämpft; er ist die Macht, deren man sich zu bemächtigen sucht.*[53] Foucault näherte sich Nietzsches in der Schrift *Genealogie der Moral* entwickelten Methode. Eine Genealogie erzählt die Herkunftsgeschichte eines Machtphänomens, um zu zeigen, wie bestimmte Machtstrukturen, die uns gegenwärtig als unabänderbar erscheinen, historisch entstanden und variabel sind.

Exkurs

### Nietzsche, die Genealogie

Im Sommer 1953 lernte Foucault am Strand der italienischen Stadt Civitavecchia Friedrich Nietzsches Werke kennen[54], in deren Bann er zukünftig stehen wird. Foucaults Genealogie ist ohne Nietzsches Schrift *Zur Genealogie der Moral* nicht zu denken. In diesem Werk beschäftigte sich Nietzsche mit der Herkunft der Moralbegriffe und unterzog sie einer radikalen Kritik. Es gebe keine allgemeingültige Moral, sondern die Moral entstehe aus den Interessen von gegnerischen Gruppen. Einst sei eine Herren- von einer Sklavenmoral zu unterscheiden gewesen. *Das Gute* sei von den Aktiven, Stolzen, Vornehmen, Mächtigen – kurz den Herren – erfunden worden. Als Reminiszenz darauf habe der Sklave seine dem Herrn entgegengesetzten Eigenschaften mit dem Etikett *gut* betitelt. Schwach zu sein, unegoistisch zu handeln, die Interessen der anderen zu berücksichtigen hätten dem Sklaven im Vergleich zum Eigensinn des Herrn als positiv zu betrachtende Eigenschaften gegolten. Der Begriff des Guten sei alles andere als allgemeingültig, sondern aus konkreten historischen Situationen, Bedürfnissen und Machtverhältnissen heraus entstanden. Ähnlich wie Nietzsche die Moral historisierte, versuchte Foucault, bestimmte das Abendland prägende, anscheinend wohldefinierte Denkmuster wie den Humanismus, das Strafsystem, die Psychiatrie oder die Sexualität einer kritischen Genealogie zu unterziehen.[55]

Die Macht ist nach Foucault omnipräsent. In seiner Vorlesungsreihe *In Verteidigung der Gesellschaft* entwickelte er den Gedanken vom permanenten Krieg auch in der modernen, äußerlich durch das Recht und das Gewaltmonopol des Staates befriedet erscheinenden Gesellschaft. Den Satz des preußischen Generals von Clausewitz, wonach der Krieg die Fortführung der Politik mit anderen Mitteln sei, kehrte Foucault um. Unter der Oberfläche des Rechtsstaats tobe weiterhin ein Krieg aller gegen alle, in dem jeder einzelne Mensch am Tage mehrere Male Sieger oder Verlierer sei. Die funktionalen Abläufe des modernen Alltagslebens täuschten über dieses andauernde Machtgeschehen hinweg.

**Exkurs: Macht bei Foucault und Kafka**

Foucault lehrte eine Ontologie der Macht, ähnlich wie sie in Kafkas *Der Prozess* beschrieben wird. Fast alles wird in Kafkas Roman unter dem Aspekt der Macht betrachtet. Gleich zu Beginn wird Joseph K. von zwei Männern mitten in seinem Zimmer verhaftet. Es handelt sich bei der modernen Macht um eine unmittelbar ins Alltagsleben eingreifende, effektive und schwer zu fassende Macht. Während sich die alte Macht vor ihren Untertanen in ihrer ganzen Glorie inszenierte, versteckt sich die moderne Macht und kontrolliert von einem geheimen Punkt aus die Bürger. Wenige sollen die Aufsicht von vielen gewährleisten.[56] Diese Macht agiert geräuschlos und weiß gleichwohl alles, wie der Kanzleidirektor, der unbemerkt im Advokatenzimmer sitzt und alles hört: *Er hatte wohl gar nicht geatmet, dass er so lange unbemerkt geblieben war.*[57] Und die Macht zeigt sich nicht nur in der Befehlsgewalt, sondern genauso in Unausgesprochenem z. B. der Anordnung von Möbelstücken in einem Zimmer, Fabrikgebäude, Klassenraum, Büroraum. So heißt es im *Prozess* über das Zimmer des Advokaten: *[E]s war ein hohes Zimmer, die Kundschaft des Advokaten musste sich hier verloren vorkommen. K. glaubte, die kleinen Schritte zu sehen, mit denen die Besucher zu dem gewaltigen Schreibtisch vorrückten.*[58]

Die Macht darf man Foucault zufolge nicht nur auf der Makroebene untersuchen – Macht des Staates, Macht des Kapitals, Macht der Mafia. Vielmehr baue sie sich als *Mikrophysik der Macht* von unten her auf. Die Macht basiere auf der Macht des Familienvaters, des Lehrers, des Vorarbeiters usw. Machtbeziehungen seien niemals einförmig, sondern stets auch umkehrbar. Auch die auf den ersten Blick Untergebenen besitzen Macht: Macht des Kindes, Macht des Schülers, Macht des Arbeiters. Foucault spricht deshalb von Machtkomplexen bzw. Machtgeflechten. Für Foucault ist die Macht weder gut noch böse, sondern gefährlich. (DE IV, 855) Sein ethisch-moralischer Imperativ heißt: *Verliebe dich nicht in die Macht!* (DM 230) Doch wo Macht ist, ist auch Widerstand, und es war der auf Nietzsche rekurrierende Machtbegriff,[59] der für Foucault eine neue politische Strategie erschloss. Wenn Macht ubiquär ist und nicht nur vom Staat oder der bürgerlichen Klasse ausgeübt wird, dann ergeben sich auch überall Ansatzpunkte zu Kritik und Widerstand.

Die Strafe ist ein in der Moderne noch weitgehend ungelöstes Problem. *Unsere Gesellschaften wissen nicht mehr, was strafen ist.* (DE IV, 853) Was ist die Grundlage des Strafens, wenn es nicht mehr um Vergeltung und Buße geht? Im modernen Strafsystem vermischen sich die verschiedensten Ziele des Strafens: Talionsgesetz,[60] Rache, Therapie usw. Jedes Element für sich allein genommen erscheint nicht befriedigend. Die Strafe nur als Vergeltung zu sehen widerspricht dem modernen Strafrecht. Die Strafe jedoch unter dem Ziel der Besserung zu betrachten, reduziert die Richter zu Psychologen, Soziologen und Pädagogen. Mit Nietzsche kommt Foucault zu dem Schluss: *Strafen ist die schwierigste Sache der Welt.* (DE IV, 212)

In seinem Werk *Surveiller et punir (dt. Überwachen und Strafen. Die Geburt des Gefängnisses)* aus dem Jahr 1975 analysierte Foucault das Gefängnis *als Relaisstation in einem allgemeinen Netz der Disziplinen und Überwachungen.* (ÜS 394) Das Gefängnis sei im 19. Jahrhundert zum Herz eines Überwachungs- und Prüfungssystems geworden, welches die Individuen nicht nur von außen einschränkte, sondern in ihrem ganzen Selbstverständnis nach erst hervorbringen sollte. Neben der Akkumulation von Kapital sei die *Disziplinierung* eine der wichtigsten Bedingung für das Funktionieren der industriellen Gesellschaft gewesen. Ein *ganzer Apparat von Zwängen* (DE II, 537) sei erfunden worden, damit die Arbeiter all ihre Körper- und Arbeitskraft in den Dienst des Produktionsapparates stellen konnten.[61]

*Überwachen und Strafen* beginnt mit der Schilderung der Hinrichtung des Vatermörders Robert-François Damiens aus dem Jahre 1757. Noch im

18. Jahrhundert herrschten die Folter und schrecklichste Formen der Todesstrafe. Die grausamen öffentlichen Hinrichtungen sollten ein eindrucksvolles Exempel der Macht demonstrieren. Darüber hinaus hätten sie aber kaum Bedeutung für das konkrete Alltagsleben der Menschen gehabt. Der schrecklichen Folterszene stellt Foucault als Beispiel für die Anfänge des modernen Strafsystems ein Zeitreglement für das Haus junger Gefangener in Paris aus dem Jahre 1838 gegenüber. Unter Trommelwirbel begann der Tag für sie im Winter um sechs Uhr morgens und endete abends um neun Uhr. Dazwischen war alles bis in die kleinsten Details durchorganisiert. *Das eine Mal eine Leibesmarter, das andere Mal ein Zeitplaning. Die beiden sanktionieren nicht dieselben Verbrechen, sie bestrafen nicht ein und denselben Typ von Delinquenten. Aber sie definieren jeweils einen bestimmten Straf-Stil. Zwischen ihnen liegt kaum ein Jahrhundert: innerhalb dieses Zeitraums wurde in Europa und in den Vereinigten Staaten die gesamte Ökonomie der Züchtigung umgestaltet.* (ÜS 14)

Im Absolutismus war der Körper des Straffälligen die Hauptzielscheibe der königlichen Macht und Satisfaktion gewesen. Es wurde um den Tod des Häftlings ein regelrechtes Schauspiel aufgeführt, während die moderne Bestrafung verborgen hinter hohen Gefängnismauern erfolgt. Im alten Strafsystem kam dem Scharfrichter die Hauptrolle zu; im 19. Jahrhundert trat eine ganze Armada von Aufsehern, Ärzten, Priestern, Psychiatern an seine Stelle. Das Strafsystem wendete sich immer mehr gegen die Seele und nicht mehr gegen den Körper. Von den Inszenierungen der Leiden trat man etwa ab 1840 *(...) ins Zeitalter der Strafnüchternheit ein.* (ÜS 23) Wenn auch im neuen Strafsystem auf Züchtigungen und Zwangsarbeit nicht ganz verzichtet wurde, ging es in ihm vor allem um die Besserung der Seele. Um den Charakter des Verbrechers zu verändern, benötigte man Experten, die über die tieferen Beweggründe des Täters ein psychologisches Urteil fällen sollten. Es interessierte nicht mehr nur die einfache Frage, wer der Täter sei, sondern die Gründe, die zur Tat führten. Für unzurechnungsfähig eingestufte Täter wurden nicht verurteilt, sondern der Heilanstalt überwiesen. *(...) Verurteilung oder Freispruch sind nicht mehr bloß Sanktionsentscheidungen von Schuld oder Nichtschuld (...) vielmehr enthalten sie Normalitätsabschätzungen und technische Vorschriften im Hinblick auf eine mögliche Normalisierung. Der Richter unserer Tage – ob Beamter oder Geschworener – hat nicht mehr ausschließlich zu ›richten‹.* (ÜS 31)

Foucault kehrt Platons berühmten Satz *Der Körper ist das Gefängnis der Seele* kurzerhand um, wenn er von der Seele als dem Gefängnis des Körpers spricht. (ÜS 42) Denn die Gefängnisstrafe zielte über die Seele auf den Körper, seine Kraft, seine Nützlichkeit, seine Gelehrigkeit. (vgl. ÜS 36) Der Körper sei in der modernen Gesellschaft nur nützlich, wenn er sowohl unterworfen als auch gelehrig, *wenn er sowohl produktiver wie unterworfener Körper ist.* (ÜS 37) In der Moderne verfeinerten sich die Zugriffsmechanismen auf den Menschen. Foucault spricht von einer *Mikrophysik der Macht,* die sich mittels Überwachung, sublimer Dressuren, des Lohns und der Bestrafung der Seele der Menschen bemächtigen will. Genauer gesagt, forme erst die moderne Macht mit Hilfe von Erziehern, Psychologen, Psychiatern, Lehrern und Sozialarbeitern die einzelne Psyche. Institutionen prägten mittels eines Systems von Belobigungen und Bestrafungen das Bewusstsein eines Menschen und statteten ihn mit einer individuellen Biographie, Lebensgeschichte, Fähigkeiten, Charaktereigenschaften aus.

Im Foltersystem sei das Verbrechen als direkter Anschlag auf die Würde des Königs aufgefasst worden. Deshalb musste diese wieder mit aller Konsequenz hergestellt werden. *Im alten System wurde der Körper des Verurteilten zur Sache des Königs, welchem der Souverän sein Brandmal eindrückte und an welcher er seine Macht auslieβ.* (ÜS 140) Der Verbrecher wurde wie ein Feind behandelt, auf den sich der König mit seinem ganzen überlegenen Machtapparat stürzte. Am schlimmsten wurde der Königsmord bestraft. Foucault zitiert aus einem zeitgenössischen Bericht, wie der Mörder *Wilhelm von Oraniens* im Jahre 1584 hingerichtet wurde. *Am ersten Tag wurde er auf den Platz geführt, wo sich ein Kessel mit siedendem Wasser befand; darein wurde der Arm getaucht, der den Hieb geführt hatte. Am Tag darauf wurde ihm der Arm abgeschlagen, und man stieβ ihn mit dem Fuβ von der Höhe des Schafotts herunter. Am dritten Tag Zangenreiβen an der Brust und am Arm; am vierten Tag dasselbe von hinten am Arm und an den Hinterbacken; und so wurde der Mann 18 Tage lang gemartert (...) schlieβlich wurde der Justizleutnant ersucht, ein Ende zu machen und ihn erdrosseln zu lassen, damit seine Seele nicht verzweifle und verloren gehe.* (ÜS 71f) Eigentlicher Adressat der Hinrichtungen sei das Volk gewesen, dem in Sachen Souveränität eine unmissverständliche Lehre erteilt werden sollte. Doch die öffentlichen Hinrichtungen hätten für die Macht auch deutliche Probleme mit sich gebracht. Häufig sei es in dem allgemeinen Blutrausch zu Aufständen des Volkes gegen die ihm verhasste Herrschaft gekommen. Man sah sehr wohl, dass das groβe Schauspiel der Strafen von seinem Publikum auf den Kopf gestellt zu werden drohte. (ÜS 82) Es sei in erster Linie dieser Nachteil des alten Martersystems gewesen, der zu einer Reform im Strafwesen geführt habe. Effektiver, fächerumfassender, universeller sollte das neue Strafsystem sein und schon im Vorfeld zur Verhinderung (Prävention) von Straftaten führen. Deswegen sei der »Mensch« im Verbrecher erfunden worden, den man bessern und verändern, jedenfalls nicht mehr sinnlos quälen wollte. Beleidigte das Verbrechen früher den Fürsten, galt es im neuen Strafsystem als ein Anschlag gegen die Volksgemeinschaft:

> Zitat
>
> *Das Recht der Strafe hat sich von der Rache des Souveräns auf die Verteidigung der Gesellschaft verschoben.* (ÜS 115)

Wichtiger als die bloße Bestrafung sei nun der Gedanke geworden, dass sich das Delikt nicht wiederholen dürfe. Dem Straftäter sollte klargemacht werden, dass sich Verbrechen auf Dauer auf keinen Fall lohnten. Die Reformer versuchten auf die Gedanken zu zielen und den Eindruck zu erwecken, dass auch wirklich jede Straftat aufgeklärt und ihr Verursacher gefasst wird. *Daher die Idee, dass dem Justizapparat ein Überwachungsorgan anzuschließen ist, (...) So wird jedes Verbrechen ans Tageslicht kommen.* (ÜS 123) Subtilere Formen der Bestrafung als die alte Marter setzten am Charakter an. Man wollte nun genauer wissen, was die individuellen Ursachen der Kriminalität waren. Bei Landstreichern und Bettlern vermutete man zum Beispiel die Faulheit als Grund, deshalb sollten sie mit harter öffentlicher Zwangsarbeit bestraft werden, anstatt sie ins Gefängnis zu stecken, wo es ihnen womöglich noch besser ginge als auf der Straße. War Stolz das Motiv, galt es, den Eigensinn des Hochmütigen zu brechen, am besten, indem man ihn öffentlich lächerlich machte usw. Die Strafe sollte nun den Täter nicht mehr sinnlos quälen, sondern ihn wirksam umerziehen. Nur für die Unverbesserlichen blieb die Todesstrafe reserviert.

Die Gedankengänge der Reformer hinsichtlich einer Diversifizierung der Strafen zeigten, dass es alles andere als ausgemacht war, die Gesamtheit der Strafen auf die Gefängnisstrafe hinauslaufen zu lassen, eine Tendenz, die sogar kritisiert wurde, weil Gefangene Geld kosten und der Gesellschaft nichts nützten. Wie sollte eine Strafe, die sich weitgehend unbemerkt hinter Mauern abspielte, einen wirksamen Abschreckungseffekt entfalten? Um einen solchen zu erzielen, wäre es doch weit sinnvoller gewesen, die Häftlinge an Ketten draußen für die Gesellschaft sichtbar arbeiten zu lassen. Doch es passierte das genaue Gegenteil und es setzte sich die Internierung als die einzige moderne Strafform durch.

*Sehen wir uns das Strafsystem an. Die Deportation verschwand (...); die Zwangsarbeit blieb (...) eine rein symbolische Strafe; die Verfahren zur Demütigung der Straftäter wurden niemals in die Praxis umgesetzt und das Talionsprinzip verschwand gleichfalls rasch (...) An die Stelle dieses recht genauen Strafsystems trat eine eher sonderbare Strafe, (...) die Gefängnisstrafe.[62]*

Die Gründe dafür sieht Foucault in dem neuen Machtsystem, welches das Gefängnis repräsentiert. Das Gefängnis als große, geschlossene, komplexe und hierarchisierte Architektur (ÜS 149) habe eine neue Art der Macht, den Körper des Menschen zu beherrschen, bedeutet. Über das eingesperrte Individuum – so Foucault – konnte man ein von der Gesellschaft und der Justiz weitgehend unkontrolliertes Disziplinar- und Wissenssystem errichten. Es wurden Stundenpläne, Zeiteinteilungen, regelmäßige Tätigkeiten, gemeinsames Arbeiten eingeführt, sodass man sehen konnte, wer wie und mit welcher Einstellung die Aufgaben erfüllt. Dadurch wurde kontrollierbar, wie sich der Häftling über einen längeren Zeitraum führt, ob er sich gebessert habe bzw. immer noch als unverbesserlich erscheint. Kurz, es setzte ein umfassendes Macht/Wissenschaftssystem unmittelbar an den Körpern der an einem Ort versammelten Delinquenten ein.

Im 19. Jahrhundert sei die Konzeption der Gefängnisbauten und der gesamte Strafvollzug darauf angelegt gewesen, den Körper der Gefangenen rund um die Uhr zu überwachen. Damit habe man über ein ideales Experimentierfeld zur Entwicklung von Techniken der Kontrolle verfügt, die sich dann nach und nach im Namen von Effizienz und Produktivität über die gesamte Gesellschaft hätten ausbreiten können. Installiert wurde eine *Mikrophysik der Macht* (ÜS 178), die ihre Aufmerksamkeit noch auf die kleinsten Einzelheiten richtete: *Bewegungen, Gesten, Haltungen, Schnelligkeit* (ÜS 175) um den Körper fügsam, gelehrig und produktiv (ÜS 177) zu machen. In den entstehenden Schulen, Kasernen, Manufakturen, Fabriken wurde eine übersichtliche Raumanordnung und ein minutiöses Zeitmanagement errichtet. Das Prinzip der Parzellierung im Innern der Großbauten wies *jedem Individuum seinen Platz und (...) jedem Platz ein Individuum* (ÜS 183) zu. Die Zeitplanung wurde immer mehr verfeinert. Zum Beispiel hieß es zu Beginn des 19. Jahrhunderts in einem Zeitplan für die Schule: *7.45 Eintritt des Monitors, 8.12 Ruf des Monitors, 8.56 Eintritt der Schüler und Gebet, 9 Uhr Einrücken der Bänke,*

*9.04 erste Schiefertafel, 9.08 Ende des Diktats, 9.12 zweite Schiefertafel usw.* (ÜS 193)

In den Gefängnissen, Fabriken, Hospitälern und Schulen, überall wurde der menschliche Körper zum Mittelpunkt einer *nützlichen Dressur* (ÜS 199). Nun erst habe man den Menschen als »interessantes« Individuum begriffen, er trat in das Feld des Wissens ein, das heißt, dass man sich mittels eines Systems von Prüfungen ein genaues Bild von jedem Einzelnen machen wollte. Im alten Machtsystem habe der Souverän im Rampenlicht des Interesses gestanden, für das Volk sei da nur wenig von diesem Licht abgefallen. Im Gegensatz dazu hat sich die moderne Macht in die Anonymität zurückgezogen und stellt jedes einzelne Individuum in den Mittelpunkt. Das ist auch aus ökonomischen Gründen immer wichtiger geworden, da in der Industrie die Individuen zum Zwecke der Produktivitätssteigerung in Großgruppen miteinander kooperieren mussten und es dabei auf das Funktionieren jedes Einzelnen ankam.[63] In der Fabrik wachte ein System von Aufsehern über die Leistungsfähigkeit der Arbeiter, im Spital wurden während der eingeführten Visite die Informationen über den Kranken zusammengefasst, und in der Schule sorgte ein ausgetüfteltes System von Kontrollen, Überprüfungen, Belobigungen, Bestrafungen für ein Wissen über jeden einzelnen Schüler. Es entstand der von Foucault so benannte Machtwissenskomplex.

*Die Geburt der Wissenschaften vom Menschen hat sich wohl in jenen ruhmlosen Archiven zugetragen, in denen das moderne System der Zwänge gegen die Körper, die Gesten, die Verhaltensweisen erarbeitet worden ist.* (ÜS 246)

Auffällige – dysfunktionale – Verhaltensweisen wurden von nun an registriert und einer Therapie unterworfen. Statistiken, Meldebögen, Berichtshefte sorgten für eine allgemeine Erfassung der einzelnen Subjekte. Foucault zufolge habe das so gesammelte Wissen weniger dem Wohlergehen der Massen als den Instanzen der Macht, der es um die Schaffung eines *gelehrigen* und *produktiven* Körpers gegangen sei, genützt. Im 19. Jahrhundert sei das Überwachungssystem auf die gesamte Gesellschaft übertragen worden. Die Disziplinen traten aus bestimmten überschaubaren Anwendungsgebieten (Klöster, Militär, Quarantäne) heraus, um

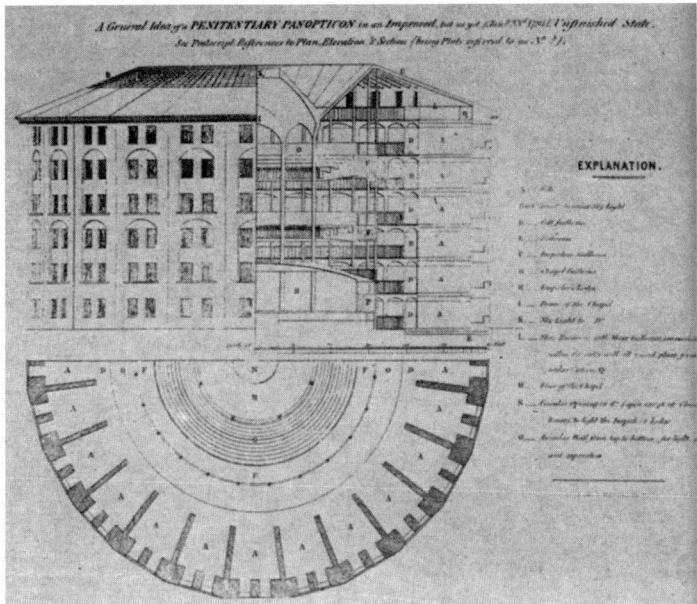

Das Panoptikum ist ein ringförmiges Gebäude, das einen Hof mit einem Turm in der Mitte umschließt. Der Ring ist in kleine Zellen unterteilt, die sowohl auf den Innenhof als auch nach außen führen. In jeder dieser kleinen Zellen sitzt ein Kind, das schreiben lernt, ein Arbeiter bei der Arbeit, ein Häftling auf dem Weg zur Besserung oder ein Geisteskranker, der seinen Wahnsinn auslebt. In dem zentralen Turm sitzt ein Wärter, (...) der Wärter (kann) die gesamte Zelle einsehen; (...) ohne selbst gesehen zu werden.[64]

über die ganze Gesellschaft ein Netz von Aktivitäten zu entfalten. Erst aus der Anordnung von Multiplizitäten – in einer Reihe stehen, sitzen, laufen usw. – konnten sich die Macht- und Individuierungseffekte entfalten. Um den *Traum einer disziplinierten Gesellschaft* (ÜS 255) Wirklichkeit werden zu lassen, wurden die Menschen in Fabriken, Kasernen, Spitälern, Schulen in eine räumliche Anordnungen gebracht, deren Vorbild Jeremy Benthams *Panopticum* war.

Das Panoptikum ist für Foucault das Sinnbild für die moderne Gesellschaft, die es auf Überwachung, Disziplinierung und Normalisierung abgesehen habe: »Das Panoptikum ist die Utopie einer Gesellschaft und einer Form von Macht, die in unserer Gesellschaft Wirklichkeit geworden ist (...) Diese Form von Macht kann man mit vollem Recht als panoptisch bezeichnen. Wir leben in einer Gesellschaft, in der der Panoptismus herrscht.«[65] Die Technik der Internierung habe in engstem Zusammenhang mit der Formierung der Humanwissenschaften gestanden. Dadurch dass die Körper in den Gebäuden wohlplatziert dem wissenschaftlichen Blick zur Verfügung standen, konnte (und kann) Macht/Wissen angehäuft werden. Es ist dieser Aspekt der engen Verflechtung von Macht und Wissen, den Foucault in seinem Buch beschreibt. *Die Wissenschaft vom Menschen, an denen sich unsere ›Menschlichkeit‹ seit über einem Jahrhundert begeistert, haben ihren Mutterboden und ihr Muster in der kleinlichen und boshaften Gründlichkeit der Disziplinen (...)* (ÜS 290) Foucault zieht den Schluss, dass die *›Aufklärung‹, welche die Freiheiten entdeckt hat, (...) auch die Disziplinen erfunden (hat).* (ÜS 285)

Foucaults Kritik der Aufklärung und des Humanismus in *Überwachen und Strafen* unterzog Jürgen Habermas in seiner Vorlesungsreihe *Der philosophische Diskurs der Moderne* einer scharfen Kritik.

Exkurs

**Foucault und Habermas**

In seiner Vorlesungsreihe *Der philosophische Diskurs der Moderne* ordnete Habermas Foucault als Vertreter der Gegenaufklärung ein und bezichtigte ihn eines *heillosen Subjektivismus*.[66] Wie Manfred Frank, Charles Taylor, Michael Walzer und Nancy Fraser[67] kritisierte Habermas das Fehlen einer *normativen Perspektive* in den Arbeiten Foucaults. Foucault lege zwar den Finger auf einige wunde Punkte der Moderne, zeige aber keine Alternative auf. Später bescheinigte Habermas allerdings, dass Foucault mit seinen sozialwissenschaftlichen Studien zur Schärfung des Sinns für die Ambivalenzen des Fortschritts beigetragen habe.[68] Umgekehrt nennt Foucault Habermas' *herrschaftsfreie Kommunikation* »utopisch«, (DE IV, 898) da miteinander reden immer schon ein Machtspiel impliziere, auf den Anderen Einfluss zu nehmen. *Man regiert einander in einer Konversation mittels einer ganzen Reihe von Taktiken.* (DE IV, 930) Damit es zu keinen übertriebenen Machteffekten (= Herrschaftsbeziehungen) in der Kommunikation kommt, fordert Foucault die Ethik einer Sorge um sich als Praxis des Selbst und seiner Freiheit. Habermas sucht nach Normen und Rahmenbedingungen, unter denen die unterschiedlichsten Individuen sich frei ausleben können. Auch Foucault wendet sich nicht gegen den Rechtsstaat. Er setzt in seinen Analysen jedoch tiefer an und fragt, wie die Individuen zu Selbstbeschreibungen wie homosexuell, behindert, krank, kriminell usw. gekommen sind. Habermas' Philosophie verbleibt eher im rechtlichen Raum, während Foucaults Interesse einer Ethik der individuellen Lebensgestaltung gilt.[69]

Offenkundig – und das zeigen alle diesbezüglichen statistischen Untersuchungen – konnte und kann die Gefängnisstrafe, die es übrigens im Strafsystem des 17. und 18. Jahrhunderts als legale Strafe gar nicht gab,[70] die Kriminalität nicht wirklich bekämpfen, weil entlassene Sträflinge oft rückfällig werden. Deshalb muss man sich fragen, worin dann die eigentliche Funktion des Gefängnisses liegt, wenn die *Vorstellung, das Gefängnis zur Besserung einzusetzen, einen Menschen so lange einzusperren, bis er sich gebessert hat diese bizarre Vorstellung, die keinerlei Rechtfertigung im menschlichen Verhalten findet (...)*[71] falsch ist.

Nach Foucault übernimmt das Gefängnis drei Aufgaben: Erstens Informationen über Menschen zu erhalten, die den Humanwissenschaften jederzeit zur Verfügung stehen. Die Häftlinge seien kategorisiert, ihre Akten akribisch ergänzt worden. Ihre Einteilung in gefährlich, weniger gefährlich, auf dem Weg zur Besserung befindlich entsprach dem allgemeinen Bedürfnis der Macht, die Individuen besser kennen und einschätzen zu lernen. Zweitens sei es mit Hilfe des Gefängnisses darum gegangen, ein Milieu von Menschen zu schaffen, die zwar als kriminell eingestuft wurden, deren Delikte aber einen bestimmten Rahmen nicht sprengten. Zwar sei die Kriminalität dadurch nicht verringert worden, aber das ständige Überwachungs- und Differenzierungssystem schien die Täter besser als alles andere von für den Staat wirklich gefährlichen Aktionen wie Volksaufständen, Attentaten usw. abzuhalten. Ein dritter Effekt habe sich schließlich daraus ergeben, dass der gesellschaftliche Status des Delinquenten (als Straftäter ohne Chance auf Arbeit, als Arbeitsloser keine Chance auf Wohnung) ihn dazu prädestinierte, für die Polizei bestimmte Spitzeldienste und zwielichtige Aktivitäten zu übernehmen.

Foucaults Gedanken zum Gefängnis und dem modernen Strafsystem fanden in kriminologischen Werken Beachtung, wenn sie auch im Ergebnis kaum zu einer Veränderung der Strafpraxis führten. Der Strafrechtler Louk Hulsman setzte sich in der Folge Foucaults in seiner Schrift Le Système pénal en question, Paris 1982 (Das zur Diskussion gestellte Strafrecht) dafür ein, den größten Teil aller Straftatbestände zu entkriminalisieren und den Begriff Verbrechen durch Problemsituation zu ersetzen. Gerichtsverhandlungen könnten weitestgehend durch außergerichtliche Schieds- und Aussöhnungsverfahren ersetzt werden. Foucault äußerte sich jedoch skeptisch gegenüber diesen Vorschlägen, da er befürchtete, dass so die Strafjustiz durch das psychiatrische, pädagogische und medizinische Denken völlig ersetzt werden könne. Foucault wollte keine vollständige Ersetzung des Strafgedankens durch den Therapiegedanken, sondern plädierte für eine Trennung der beiden heute vermischten Verfahren. Der Richter sei im modernen Strafrecht mehr Psychologe, Mediziner als Richter, was Foucault, der auch nicht zum Strafrecht des 18. Jahrhunderts zurückwollte, keinesfalls als Fortschritt wertete. Oft warf man Foucault vor, keine wirklichen Alternativen zum Strafsystem aufgezeigt zu haben und seine Kritik deshalb ins Leere zu laufen drohe. Auf die Frage, worin er denn eine Alternative zum Gefängnissystem sehe, antwortete er, dass es sich neben der Internierung auch andere Strafarten wie zum Beispiel die Verpflichtung zur Sozialarbeit, Systeme der Selbstverpflichtung, Entzug bestimmter Rechte usw. vorstellen könne. Doch unabhängig davon bedeutet für Foucault Kritik nicht, dass man fertige Gegenkonzepte liefern müsste. Eine Problematisierung des Gefängnisses, eine Überprüfung seiner selbstformulierten Ziele könne zu einer Veränderung in der Denkart führen, die in einem anderen gesellschaftlichen Kontext sehr wohl Transformationen im Strafsystem bewirken könnten.

# Die Macht der Psychiatrie

In der im Umkreis von *Überwachen und Strafen* stehenden Vorlesung *Die Anormalen* (1975) erläuterte Foucault, wie im 19. Jahrhundert *Normalisierungstechniken* auf ganze Personengruppen angewandt wurden. Als exemplarische Figuren für Anormalität führte er das *Menschen-Monster* (durch körperliche Fehler Entstellte, siamesische Zwillinge, Hermaphroditen), das *korrekturbedürftige Individuum* (Undisziplinierte, Nervöse, Unausgeglichene) und den *Onanisten* (im 19. Jh. beginnt man die Sexualität des Kindes zu überwachen) an. *Das ›anormale‹ Individuum, für das seit Ende des 19. Jahrhunderts so viele Institutionen, Diskurse und Wissensarten die Verantwortung übernehmen, lässt sich sowohl von der rechtlichen Ausnahme des Monsters als auch von der Vielfalt der in den Apparaten der Zurichtung erfassten Unkorrigierbaren, als auch von dem universalen Geheimnis der infantilen Sexualitäten her bestimmen.* (A 428)

Zu Beginn der Vorlesung zitiert Foucault aus *gerichtsmedizinischen Gutachten,* die zur Urteilsfindung beitragen sollten. Dem entsprechenden Arzt/Psychiater war also vollauf bewusst, welche schwerwiegenden Folgen sein Gutachten haben kann. Es verblüfft, mit welcher Oberflächlichkeit in ihnen über Menschen gesprochen, gewertet und geurteilt wird. In den Dossiers tauchen immer wieder Begriffe auf wie »*wenig strukturierte Persönlichkeit*«, *schlechte Realitätseinschätzung, ernsthafte emotionale Störung, tiefes affektives Ungleichgewicht* usw. Die Gutachten – so Foucault – seien deswegen sowohl in medizinischer als auch in juristischer Hinsicht ohne wirklichen Aussagewert. Weshalb werden sie dann erstellt?

Nach Foucault erfüllen die gerichtsmedizinischen Dossiers drei Funktionen: Erstens ermöglichten sie es, von der Tat eines Menschen auf sein Verhalten zu schließen, *vom Delikt auf die Seinsweise* eines Individuums. Die moderne Macht möchte die Individuen immer besser kennen und einschätzen lernen. Zweitens gehe es in ihnen darum, *ein psychologisch-ethisches Doppel des Delikts zu erstellen.* (A 34) Das Gesetz bewertet keine Charakterzüge, sondern sanktioniert nur kriminelle Taten. Doch der einfache Mechanismus Straftat/ Bestrafung der Straftat genüge der modernen Macht nicht mehr. Sie möchte die Hintergründe des Verbrechens erfahren und die Ursachen erforschen, die zur Straftat führen. Es seien *Abweichungen*, die das Delikt hervorriefen. *Sodass derjenige, der schließlich verurteilt wird, nicht der tatsächlich Beteiligte des fraglichen Mordes ist, sondern diese anpassungsunfähige Person, die Unordnung liebt und Taten begeht, die zu Verbrechen führen.* (A 35) Statt eines Schuldigen werde ein *Verdächtiger* verurteilt. Drittens gehe es darum, mittels der Gutachten dem Angeklagten seine Tat auch wirklich nachweisen zu können. Hat man in einem Fall zwei Verdächtige, so entscheidet das psychologische Gutachten darüber, wer verurteilt wird. *Der Psychiater wird tatsächlich zum Richter (...)* (A 42) Zusammenfassend kommt Foucault zu dem Schluss, dass die medizinischen Gutachten *Normalisierungstechniken* sind, denn sie beurteilten, ob ein Individuum gefährlich, ob es heilbar und ob es wiedereingliederbar sei. Somit bildeten sie einen Teil der modernen *Normalisierungsmacht* (A 46). *Die Ersetzung des rechtlich verantwortlichen Individuums durch ein der Normalisierungstechnik entsprechendes Element, diese Transformation wurde durch das psychiatrische Gutachten zusammen mit zahlreichen anderen Verfahren hervorgebracht.* (A 45f) Die moderne Macht wolle weniger bestrafen, sondern helfen. *Das hässliche Metier des Strafens wird sich solchermaßen in das schöne Metier des Heilens verkehren.* (A 43) Nichtsdestotrotz sei die »heile« Welt der Institutionen, in denen nicht mehr bestraft, sondern geholfen werde, eine Machtwelt mit Machteffekten, die mitunter *durch die Hände eines mittelmäßigen, untauglichen, dummen, schuppigen, lächerlichen, abgearbeiteten, armen und ohnmächtigen Beamten läuft.* (A 29) Schriftsteller wie Balzac, Dostojewski und Kafka hätten die Banalität der Macht erkannt und sie in ihren Grotesken über die Bürokratie dargestellt.

Die Normalisierungsmacht antworte *(...) auf eine Gefahr. Dieses institutionelle Gefüge richtet sich gegen das gefährliche Individuum, das weder eindeutig krank noch eigentlich kriminell ist.* (A 51) Es gehe ihr um die Beobachtung, Therapierung und Kontrolle von *unter Umständen* gefährlichen Individuen. Die Angst vor diesem Personenkreis sei eindeutig übertrieben und nehme mitunter infantile Züge an, z. B. wenn in gerichtsmedizinischen Gutachten erwähnt wird, dass der Angeklagte in seiner Jugend mit *Holzwaffen* gespielt oder *Kohlköpfe* abgeschnitten und seinen *Eltern Sorge bereitet* habe. Doch über solche unscheinbaren Diskurse beginnt sich im 19. Jahrhundert die Normalisierungsmacht als Kontrollinstanz des Anormalen zu institutionalisieren. Foucault fasst seine Genealogie der modernen Macht zusammen:

*Wir sind von einer Technologie der Macht, die verjagt, ausschließt, verbannt, marginalisiert und unterdrückt, zu einer positiven Macht übergegangen, die produziert, beobachtet, einer Macht, die weiß und die sich auf der Grundlage ihrer eignen Effekte multipliziert.* (A 69)

Die Normalisierungsmacht sei keineswegs neutral. Denn wie die Studien von Georges Canguilhem[72] ergeben hätten, trage die Norm einen Machtanspruch in sich. Die Norm – zum Beispiel ruhig sitzen bleiben zu können – sei kein Naturgesetz, sondern stelle Anforderungen an die Fähigkeiten, die die Menschen in einem bestimmten Bereich zu erbringen haben. *Die Norm ist nicht einfach ein Erkenntnisraster; sie ist ein Element, von dem aus eine bestimmte Machtausübung begründet und legitimiert werden kann.* (A 72) Wenn jemand den Normen nicht entspreche, werde ein Psychologe herangezogen.

Für Foucault stellt die Psychoanalyse keine wirkliche Wissenschaft dar, was nicht heiße, dass sie nicht jemandem helfen könne. Doch dazu sei sie nur in der Lage, wenn der Patient an sie glaube. Der Psychiater habe einiges mit einem Schamanen gleich, beide operierten mit dem Mittel der Mystifizierung und der Macht. In der im Jahr 1972 gehaltenen Vorlesungsreihe *Die Macht der Psychiatrie* erläuterte Foucault, wie sich in der zweiten Hälfte des 19. Jahrhunderts in den Anstalten eine dem Irren überlegene Macht mit dem Ziel zu heilen etablierte, was nichts anderes bedeutet habe, dass aus ihm ein nützliches Mitglied der bürgerlichen Gesellschaft gemacht werden sollte. Dazu musste als erstes der Wille des Patienten gebrochen werden um ihm im Arztwillen eine unüberwindliche Größe entgegenzustellen. Schwerpunkt der psychiatrischen Tätigkeit sei es gewesen, eine vom Irren geleugnete Identität notfalls mit Gewalt herzustellen.

Wie Foucault schon in seiner Habilitationsschrift *Wahnsinn und Gesellschaft* herausarbeitet, sei der Wahnsinn im 18. Jahrhundert radikal aus dem Reich der Vernunft ausgeschlossen worden, während er zur Zeit der Reformpsychologie des 19. Jahrhunderts geheilt werden sollte. Der Wahnsinn sei moralisiert worden, wie Foucault mit Hilfe einer Textstelle aus Hegels Enzyklopädie der philosophischen Wissenschaften aufzeigen will. Dort heißt es in Paragraph 408 unter Berufung auf die Reformmedizin von Philippe Pinel: *Es ist der böse Genius des Menschen, der in der Verrücktheit herrschend wird, aber im Gegensatz und im Widerspruche gegen das Bessere und Verständige, das im Menschen zugleich ist (...)*[73] Das

Verständige im Menschen wieder aufzuwecken, sei das Ziel der Reformpsychologie gewesen. Besonders sei in der psychiatrischen Praxis des 19. Jahrhunderts darauf Wert gelegt worden, dass der Kranke seinen Wahnsinn eingestand. Gerade die Leugnung seiner Geisteskrankheit galt als Ausgeburt seiner Überheblichkeit und damit als das eigentliche Übel. Hätte er sein »Unrecht« eingestanden, hätte er als geheilt entlassen werden können. Wenn in den Heilanstalten des 19. Jahrhunderts der Geisteskranke weiter seine Identität leugnete, versetzte man ihm plötzliche eiskalte Duschen, bis er bereit war, sich seiner Biographie zu stellen. Foucault kommentiert in einer Vorlesung diesen interessanten machtpolitischen Aspekt der Psychiatrie: *Aufhören, verrückt zu sein, heißt hinnehmen, dass man gehorsam ist, heißt, seinen Lebensunterhalt verdienen zu können, sich in der biographischen Identität wiederzuerkennen, die man für Sie geformt hat, heißt aufzuhören, Lust aus dem Wahnsinn zu ziehen.* (MP 240)

Aus seinen Untersuchungen zur Psychiatrie des 19. Jahrhunderts schloss Foucault, dass zum Begriff des bürgerlichen Subjekts vier Punkte gehörten: *Dies sind die vier Elemente, die, (...) das behandelte Individuum (...) als geheiltes Individuum kennzeichnen (...) das Gesetz des Anderen, die Identität an sich, die Nichtzulässigkeit des Verlangens* (des Wahnsinns R.R.) *die Eingliederung des Bedürfnisses in ein ökonomisches System.* (MP 256) Ein bürgerliches Individuum zu schaffen sei das Ziel der Schulen, Kasernen, Waisenhäuser gewesen. Passt jemand nicht in dieses Schema, wird es von nun an die Tendenz geben, einen Psychologen zu Rate zu ziehen, der mittels Realitätsverstärkung, sprich Zwang, die Normalisierung, sprich Disziplinierung, zu erreichen versucht. Auch die medizinischen Heilmittel seien genau betrachtet nichts anderes als die Verlängerung des physischen durch den Körper des Arztes ausgeübten Anstaltzwanges. Beruhigungsmittel: *Das hieß scheinbar, das Nervensystem des Patienten zu beruhigen, und in Wirklichkeit heißt es ganz einfach, das System des Anstaltsregimes, das Regime der Disziplin bis in das Innere des Patientenkörpers hinein zu verlängern. Noch die heutige Anwendung der Beruhigungsmittel gehört zu demselben Muster.* (MP 260)

Im 19. Jahrhundert sei der Wahnsinn als Symptom eines krankhaften Überheblichkeitsgefühls auf Seiten des Patienten verstanden worden. Der Wahnsinnige sei jemand, der sich nicht dem Willen eines anderen beugen wolle, einer, der seine Identität verleugnet, seinen eigenen Wahnsinn nicht anerkennen will und sich aus dem System der bürgerlichen Bedürfnisse und Geldbewertungen ausschließe. Überheblichkeit wird normalerweise im Alltagsleben durch die Reaktionen der Anderen

(Freuds Realitätsprinzip) zurechtgestutzt, doch im Falle des Wahnsinnigen reichten offenkundig diese normalen Sanktionen nicht aus. Deshalb wurde der Geisteskranke in die *künstliche Realität* der Anstalt eingeliefert, die durch bestimmte Arrangements als »Realitätsverstärker« funktionierte, damit er aufgrund solcher Schocks von seinem Wahn ablässt. Die Psychiatrie wird Foucault zum Sinnbild des modernen Machtsystems. Denn worum geht es in der Psychiatrie? Um die Gesundheit? Nach Foucault keineswegs. Vielmehr gehe es ihr um den Zugriff auf die Körper, die möglichst funktionstüchtig gehalten werden sollten, um aus ihnen Gewinn zu schlagen. Im 19. Jahrhundert habe das entstehende psychiatrische System den Unterschied zwischen *normal* und *anormal* dem Unterschied zwischen *gesund* und *krank* vorgelagert. Gerade in der Gleichsetzung von anormal und krank habe die Psychiatrie eine Vorreiterrolle gespielt. Doch anders als in der Normalmedizin konnte man im Rahmen der Differenzialdiagnostik kein materielles Substrat der Krankheit im Körper des Geisteskranken finden. Deshalb sei man in der Psychiatrie dazu übergegangen, die Wahnsinnigen auf ihre Familienverhältnisse zu überprüfen: Welche Anomalien gab es in der Familie? Jetzt hatte man, wenn schon kein biologisches Substrat, so doch positive, empirische Daten: *Die Anomalie ist die individuelle Bedingung der Möglichkeit des Wahnsinns; sie muss man feststellen, um zu zeigen, dass das, was man gerade behandelt, womit man es zu tun hat und von dem man gerne zeigen möchte, dass es sich um Symptome des Wahnsinns handelt, tatsächlich zum Bereich der Krankheit gehört.* (MP 395f)

# In Verteidigung der Gesellschaft

In der am Collège de France in den Jahren 1975/76 gehaltenen Vorlesungsreihe *In Verteidigung der Gesellschaft* erläutert Foucault, wie in der modernen Gesellschaft ein permanenter Krieg gegen Abweichende nach dem Motto geführt werde: *Wir haben die Gesellschaft zu verteidigen gegen all die biologischen Gefährdungen dieser anderen Rasse, dieser Unterrasse, dieser Gegenrasse, die wir – wider Willen – ständig hervorbringen.*[74] Ausgangspunkt in Foucaults Analyse ist eine historische Machtanalyse, die sich nicht an den Konstrukten und Staatsdiskursen von Philosophen, sondern an den realpolitischen Bedingungen von Staatsgründungen orientiert. Gegen die Staatsdiskurse von der Legitimität der Macht setzt Foucault den Geschichtsdiskurs vom permanenten Krieg eines Gesellschaftsteils gegen den anderen. *Das Gesetz kommt nicht aus der Natur und aus Quellen, an denen die ersten Hirten trinken; das Gesetz ergibt sich aus wirklichen Schlachten, Siegen, Massakern, Eroberungen, die ihr genaues Datum und ihre Schreckensfiguren haben; es geht aus angezündeten Städten und verwüsteten Landschaften hervor (...).* (VG 61) Im Hintergrund dieser antagonistischen Geschichtsauffassung steht eine an Nietzsche angelehnte Erkenntnistheorie. Wie sich das Gesetz weder aus der Natur, der Wahrheit oder der Gerechtigkeit ergebe, sondern aus Machtkämpfen, so entstehe Erkenntnis aus bestimmten Interessen und Kräfteverhältnissen.

Exkurs

**Foucaults an Nietzsche angelehnte Erkenntnistheorie**

Für Nietzsche sei Erkenntnis *stets eine strategische Beziehung.*[75] In Nietzsches Schrift Über Wahrheit und Lüge im außermoralischen Sinn heißt es gleich zu Beginn. *In irgendeinem abgelegenen Winkel des in zahllosen Sonnensystemen flimmernd ausgegossenen Weltalls gab es einmal ein Gestirn, auf dem kluge Tiere das Erkennen erfanden. Es war die hochmütigste und verlogenste Minute der ›Weltgeschichte‹ (...)*[76] An dieser Textstelle interessiert Foucault das Wort »erfunden«. Die Erkenntnis – so Nietzsche – sei zu einem bestimmten Zweck erfunden worden. Sie habe keinen festen Bezugspunkt im Menschen, ebenso wie die Religion, die Kunst usw. keinen Ursprung (z. B. in einem »metaphysischen Bedürfnis«) im Menschen hätten, sondern zu einem bestimmten Zeitpunkt zu einem bestimmten Machtzweck *erfunden* worden seien. Für Foucault wie für Nietzsche ist die Erkenntnis *(...) keineswegs der älteste Trieb des Menschen; sie ist nicht keimhaft in seinem Verhalten, seinen Strebungen und Trieben angelegt.*[77] Es gebe keine angeborene neutrale Instanz – der Verstand, die Vernunft – vor der man nur gewissenhaft prüfen müsse, ob etwas wahr oder falsch sei. Wenn die Erkenntnis nicht angeboren ist, sondern erfunden wurde, so kann es sein, dass der Zweck dieser Erfindung kein »edler« war, sondern die Erkenntnis vielleicht sogar aus »niederen« Trieben entstand. *Erkenntnis ist eine ›Erfindung‹, hinter der (...) ein Ensemble aus Instinkten und Trieben, aus Verlangen, Lust und Besitzwillen (steht). Auf der Bühne, auf der sie miteinander kämpfen, entsteht Erkenntnis.* (DE II, 197) Für Foucault ist Erkenntnis kein Vermögen, sondern ein Ereignis, das sich immer wieder neu einstellt. Das Interesse ist der Erkenntnis radikal vorausgesetzt. Erkenntnis – so Foucault – sei mit *Kampf, Hass, und Bosheit* (DE II, 298) verknüpft, nicht mit der Wahrheit, denn die Wahrheit sei nur die Wirkung einer neuen Erkenntnis. Das heißt, insofern neue Kräfteverhältnisse neue Erkenntnisse hervorbrächten, verlören die alten ihren Wahrheitswert. *(...) Wahrheit ist nur eine Wirkung – die Wirkung einer Falsifizierung (...)* (DE II, 298) Dieses Erkenntnismodell bedeutet auf die Geschichte übertragen: *Der Historiker darf sich nicht vor dem Kleinen und Schäbigen scheuen, denn auch die großen Dinge sind Schritt für Schritt aus kleinen, schäbigen Dingen hervorgegangen.*[78]

Dass in Revolutionen, Kriegen, Aufständen Kampf stattfindet, leuchtet unmittelbar ein. Doch Foucaults provozierende These ist es, dass es auch unter der Decke des Rechtsstaates Gesellschaftskriege gibt. Es gebe keine Objektivität und Neutralität. Jeder sei zwangsläufig immer jemandes Gegner. In diesem permanenten Gesellschaftskrieg gehe es um Macht und Kraft und um die Stärkung des je eigenen Potentials. Die Macht versuche durch Techniken der Kontrolle die Oberhand zu behalten, indem sie definiere, wer funktionsfähig, normal und was gültig sei. Außenseiter gelte es *In Verteidigung der Gesellschaft* entweder einzusperren oder umzuerziehen. Foucault versuchte herauszuarbeiten, wie im Laufe des 19. Jahrhunderts der Diskurs über den Krieg zwischen zwei »Rassen«[79] in die moderne biologisch begründete Form des Rassismus übergegangen sei. Seine These vom permanenten Gesellschaftskrieg unterscheidet sich von dem nur auf den ersten Blick ähnlichen Gedanken des englischen Philosophen Thomas Hobbes'. Denn was Hobbes' *Krieg aller gegen alle* im Naturzustand nennt, ist ja kein wirklicher Krieg, sondern nur ein Gedankenexperiment bzw. ein Kalkül. Hobbes meinte, dass bei rationaler Interessenabwägung die Staatsbürger einen mächtigen sie beherrschenden Staat einem Naturzustand, in dem das Recht des Stärkeren zähle, vorziehen würden. Doch das sind nach Foucault nur Gedankenspiele. Die Urform des Staates sei keinen Überlegungen zu einem nie existiert habenden Naturzustand bzw. Naturrecht zu verdanken, sondern ganz allein realen Kämpfen und Auseinandersetzungen.

Ein realpolitischer Diskurs über die Staatsgründung sei nach dem Ende der Bürger- und Religionskriege des 16. Jahrhunderts als Gegenhistorie zur römischen Historie der Glorifizierung der Souveränität (Römisches Reich, Mittelalter) formuliert worden: nicht von Philosophen, sondern von (uns teilweise weniger bekannten) Historikern wie Sir Edward Coke, John Lilburne, Henri de Boulainvilliers, Nicolas Freret und Emmanuel Joseph Sieyès. In einem solchen realpolitischen Diskurs nehme der Historiker am Geschichtsgeschehen teil. Er versuche nicht – wie im philosophischen Diskurs – einen möglichst unabhängigen universellen und unparteiischen Standpunkt zu finden, sondern er beziehe Partei und erläutere, warum seine Partei in den historischen Kämpfen den Sieg verdient habe. In diesem Diskurs – so Foucault – sei die Geschichte des einen nicht die des anderen.[80] In England hätten die Historiker behauptet, dass die Monarchie und die Aristokratie ein normannischer Import aus dem 11. Jahrhundert gewesen seien und sich das angelsächsische Volk schon immer dagegen aufgelehnt habe. Diese Argumentation *diente in England bürgerlichen, kleinbürgerlichen, eventuell völkischen Gruppen als Kampfmittel gegen die absolutistische Monarchie (...)*[81] Und in Frankreich hätten Historiker aus dem Glauben der französischen Aristokratie heraus argumentiert, dass sie germanischen Ursprungs sei und sie allein schon aus diesen Gründen ein Eroberungsrecht habe, das sie sich nicht vom gallisch-römischen absolutistischen König streitig machen lassen wolle.

Bei der realpolitischen Geschichtsschreibung sei entscheidend, *dass das Prinzip der historischen Analyse in der Dualität und im Krieg der Rassen gesucht wird.* (DE III, 173) Im Diskurs über die Rasse sei das Wort »Rasse« *nicht auf eine biologische Bedeutung fixiert. Es ist aber auch nicht völlig unbestimmt; es bezeichnet letztlich eine gewisse historisch-politische Spaltung, insofern er von zwei Rassen redet, von zwei Gruppen, die nicht dieselbe örtliche Herkunft haben, die ursprünglich nicht dieselbe Sprache und häufig auch nicht dieselbe Religion haben und die eine politische Einheit nur um den Preis des Krieges, der Invasion, der Eroberung, der Schlachten, der Siege und Niederlagen, der Gewalt gebildet haben.*[82]

Der Diskurs über den Staat beschreibe im Gegensatz zum idealistisch-universalistischen Ansatz der Philosophen, wie letztlich der Sieger aus dem Krieg zwischen den Gruppen den Status quo einer Gesellschaft (ihre Gesetze, ihre Institutionen) bestimme. Ein solcher Frieden sei permanent gefährdet, sodass die Macht auch die »zivilen« Kämpfe als »kriegerische« Konfrontation aufgefasst und beantwortet habe: *Die Politik ist die Fortsetzung des Krieges mit anderen Mitteln; das heißt, dass die Politik die Billigung und die Verlängerung des im Krieg aufgezeigten Ungleichgewichts der Kräfte ist.* (DE III, 227) In diesem Punkt unterscheidet sich Foucaults Machtanalyse deutlich vom Marxismus, der in der Machtfrage eine totale Perspektive einnimmt. Lokale Kämpfe – so die kommunistischen Parteistrategen von Lenin bis Trotzki – müssten in eine von der Partei definierte Gesamtstrategie eingebettet werden. Genau dagegen wendet sich Foucault, wenn er die Bedeutung des lokalen Widerstandes hervorhebt. Auf die selbstgestellte Frage: *Wer kämpft gegen wen?* antwortet er: *Wir kämpfen alle gegen alle. Und es gibt stets etwas in uns, das gegen etwas anderes in uns kämpft.* (DE III, Umschlagtext) Dieser Krieg finde jeden Tag statt. Jeder einzelne Mensch sei dabei mehrmals am Tag Sieger und dann auch wieder Verlierer. Die reibungslos ablaufenden Szenarien des Alltagslebens täuschten über diesen Ausnahmezustand nur hinweg.

Im 19. Jahrhundert habe sich dann der Diskurs über den Krieg der Rassen zum biologistischen, rassistischen transformiert. Die Gesellschaft habe sich immer weniger von außen und mehr von inneren Feinden, die sich *unfallhaft ... zufallhaft* mittels ihrer Geburt eingeschlichen hätten, bedroht gefühlt. Nun seien alle von der Norm abweichenden Menschen zum Hauptgegner erklärt worden. Gegen sie versuchte die moderne Macht durch Kontrolltechniken die Oberhand zu behalten. Als Normierungsmacht definiere sie, was normal, was gültig ist. Diese Macht wirke auf zwei Ebenen: als Disziplinarmacht auf den Körper und als Bio-Macht auf die Bevölkerung. Bio-Macht bedeutet Geburtenregelung, Sterbeziffern, Trockenlegung der Sümpfe, gesundheitliche Überwachung usw. Sie ist weniger Disziplin als Regularium. Bio-Macht und Disziplinarmacht kommen zusammen in Foucaults Begriff der *Normalisierungsgesellschaft,* deren Ziel die Optimierung von Leistungsfähigkeit sei.

Die alte absolutistische Macht hatte jederzeit das Recht zu töten und ließ Leben zu, bei der neuen Macht, der Bio-Macht, sei es gerade umgekehrt: Denn sie habe das immerwährende Recht über das Leben und lasse erst das Sterben zu. Der Tod werde in der Moderne immer mehr zurückgedrängt und unscheinbarer, sodass man sich fast schäme zu sterben. Heute zähle einzig das Leben und wie es in seiner Gesundheit und

Leistung gesteigert werden kann, nicht der Tod. Wenn nur noch leistungsfähige Körper interessierten, müssten diese optimal erhalten werden. An dieser Stelle entsteht der Rassismus, der die Gesundheit und die Reinheit des Lebens schützen will. *Der Rassismus (...) ist ein Rassismus gegen die Anormalen, ein Rassismus gegen solche Individuen, die als Träger entweder eines Zustandes, eines Stigmas oder sonst eines Fehlers ihrer Nachkommen auf zufälligste Weise die unvorhersehbaren Folgen des Übels oder, besser gesagt, des Anormalen, das sie in sich tragen, übertragen können. Es ist der Rassismus, dessen Aufgabe nicht so sehr der Schutz oder die Verteidigung einer Gesellschaftsgruppe gegen die andere ist, als vielmehr das Aufspüren all derer, selbst innerhalb einer Gruppe, die wirklich Träger der Gefahr sein könnten. Ein interner Rassismus also, ein Rassismus, der es gestattet, alle verdächtigen Individuen innerhalb einer gegebenen Gesellschaft herauszufiltern.* (A 418)

Wie kommt es, dass gerade im Zeitalter der Bio-Macht, die sich darüber legitimiert, Leben zu erhalten, Millionen von Menschen durch Kriege, Deportationen, Verfolgungen getötet wurden? Foucaults Erklärung dafür ist, dass die neue Bio-Macht eine unselige Allianz mit der alten Souveränitätsmacht, die das Recht zu töten hatte, eingegangen sei, nur werde das Recht zu töten heute anders begründet. Handelte es sich früher um das absolute Recht des Souveräns, an dem man gerade seine Macht erkannte, wird das Töten nun mit der Notwendigkeit begründet, das gesellschaftliche Leben zu schützen bzw. zu steigern. *Je mehr die minderwertigen Spezies dazu tendieren, zu verschwinden, je mehr anormale Individuen eliminiert werden, je weniger Degenerierte es im Verhältnis zur Spezies geben wird, desto mehr werde ich – nicht als Individuum, sondern als Spezies – leben, stark und widerstandsfähig sein, mich vermehren können.*[83] Foucault bindet also die Eigenart des modernen Rassismus nicht an eine Ideologie, an eine Mentalität, an eine pseudowissenschaftliche These der Macht, sondern für ihn ist der moderne Rassismus die Ausgeburt einer bestimmten Machttechnologie – derjenigen der Bio-Macht: *Der Rassismus ist also an das Funktionieren eines Staates gebunden, der gezwungen ist, sich der Rasse, der Rassenausmerzung und der Reinigung der Rasse zu bedienen, um seine souveräne Macht auszuüben.*[84] Der Nationalsozialismus sei die Extremform einer Machtprozedur, die in allen modernen Staaten mehr oder weniger zum Zuge komme. Auch in den sozialistischen Staaten nahm sich der Staat des Lebens an, um es herbeizuführen, zu mehren, Zufälligkeiten auszugleichen und seine Erfolgsaussichten zu optimieren, mit entsprechend fatalen Konsequenzen für die Geisteskranken, Kriminellen und politischen Gegner.

Je mehr Unnormierte getötet werden, umso reiner die eigene Rasse. Die Bio-Macht wird zur Tötungsmaschine, nach innen wie nach außen. Nach innen mit Maßnahmen wie Abtreibung, oder indem man für bestimmte Gesellschaftsgruppen das Todesrisiko erhöht, nach außen als Rassenkampf, den eine überlegene Rasse zu führen habe. Auf dem Gebiet der Sexualität treffen sich nun nach Foucault die Disziplinar- und Regulierungstechniken der Bio-Macht. So wurden im 19. Jahrhundert viele auf die Überwachung des Körpers zielende Disziplinartechniken (z. B. Anordnung der Betten in Internatsräumen) entwickelt. Begründet wurden diese Maßnahmen im Sinne der Bio-Macht als für die Volksgesundheit förderlich bzw. unumgänglich. Und auch der Sozialismus habe – so Foucault – vorbehaltlos das Programm der Bio-Macht übernommen. *Die Vorstellung schließlich, dass Gesellschaft oder Staat oder das, was an die Stelle des Staates treten sollte, im Wesentlichen die Aufgabe hat, das Leben in Beschlag zu nehmen, es zu gestalten, zu vermehren und seine Zufälle zu kompensieren, seine Chancen und biologischen Möglichkeiten zu durchlaufen und einzugrenzen – all das wurde vom Sozialismus, wie mir scheint, übernommen. Mit den entsprechenden Folgen, die das hat, sobald man sich in einem sozialistischen Staat befindet, der das Recht zu töten oder zu eliminieren oder das Recht zu disqualifizieren ausüben muss. So stößt man ganz von selbst auf den Rassismus – nicht den eigentlich ethischen Rassismus, sondern den Rassismus evolutionären Typs, den biologischen Rassismus, der in den sozialistischen Staaten (sowjetischen Typs) gegenüber den Geisteskranken, Kriminellen und politischen Gegner (sic) usw. vollauf funktioniert.* (VG 303)

# Geschichte der Gouvernementalität

Ende der 70er Jahre wurde für Foucault der Begriff Regierung immer wichtiger: Selbstregierung, Regierung der anderen, gesellschaftliche und staatliche Regierungsformen. Damit leitete er den Übergang zu seiner dritten Schaffensphase ein, in der es ihm um eine Ethik der Selbstpraxis = Ästhetik der Existenz ging. Nach Philipp Sarasin verwendet »*Foucault (...) den Begriff der gouvernementalité, um (...) die älteren Studien über die Macht (mit der) Theorie des sich selbst regierenden Subjekts miteinander verknüpfen zu können, (...)*«[85] Gouvernementalität ist eine Wortneuschöpfung Foucaults. Sie bezeichnet eine politische Rationalität, die in vielfältiger Weise in Anwendung gebracht wird, um sowohl dem Einzelnen als auch der Stärke des Staates förderlich zu sein.

### Merksatz

**Mit dem Begriff Gouvernementalität bezeichnet Foucault das Machtsystem, das sich im 18. Jahrhundert installiert hat und das *als Hauptzielscheibe die Bevölkerung, als wichtigste Wissensform die politische Ökonomie und als wesentliches technisches Instrument die Sicherheitsdispositive hat.* (GG I,61) Laut Foucault erleben wir heute eine Krise der Gouvernementalität, da sämtliche Regierungstechniken, mit denen die Menschen in Berührung kommen, mittlerweile in Frage gestellt würden.[86]**

Das Wort *Gouvernementalität* setzt sich aus *gouverner = regieren, lenken* und *mentalité =Denkweise*, mit der regiert wird, zusammen. Es gibt die Gouvernementalität des Familienvaters, des Leiters eines Klosters, des Erziehers usw. Gouvernementalität ist eine Regierungskunst, die sich die Menschen nicht einfach unterwirft, sondern sie zu führen weiß. Im Unterschied zum Disziplinarsystem wendet sich die Gouvernementalität nicht nur direkt an die Untertanen (mittels Lob, Strafe, Drohungen), sondern versucht auf der Grundlage von weitgestreuten Informationen komplexe Zusammenhänge so einzurichten, dass sich die Akteure im Kraftfeld der jeweiligen Macht »eigenständig« bewegen, sodass es kaum

zu einer offenen Kraftprobe mit der Macht kommt. Ohne Gouverne-
mentalität, ohne die Kunst, die Menschen an der Basis (Familie, Schule,
Beruf) zu führen, gibt es laut Foucault keine größeren Machtstrukturen
(Staat, Demokratie, Faschismus). Die moderne Gouvernementalität
habe sich durch eine Reihe von Verschiebungen aus der mittelalterlichen
*Pastoralmacht* entwickelt.

Unter *Pastorat* versteht Foucault die Vorstellung, dass ein Gott, ein
Hirte oder Führer sich um das Wohl oder das Geschick seiner Herde zu
sorgen habe. Diese Idee stamme aus den alten Gesellschaften des Orients,
Ägyptens, Assyriens, Judäas, während sie im antiken Griechenland weitgehend unbekannt gewesen sei. Die Hebräer hätten an Gott als Hirten
seiner Herde geglaubt. Der Hirte behüte, leite und versammele seine
Herde. Er entwickele eine individualisierte und zielgerichtete Hut. Im
Gegensatz dazu hätten die Griechen an Götter geglaubt, deren Haupt-
aufgabe es gewesen sei, ihnen zum Sieg über ihre Feinde zu verhelfen.
Platons Begriff des guten Staatsmanns sei – so Foucault – mit der Vorstellung eines guten Hirten nicht vereinbar gewesen, da er den Politiker
eher als Befehlshaber seiner Gemeinde definierte. Der König stehe bei
Plato dem Staat vor, er sichere dessen Einheit, doch er kümmere sich
nicht ständig um jeden einzelnen seiner Untertanen. Im Unterschied
dazu habe die durch das Christentum verkörperte Pastoralmacht den
Anspruch, gezielt auf das Individuum einzuwirken. Hirte und jedes Mitglied seiner Gemeinde seien unmittelbar aufeinander bezogen und eng
aneinander gekettet. Hatte der Grieche zu gehorchen, so deshalb weil
dies im Sinne des Gesetzes oder der Interessen der Stadt war. Anders dazu
gehe es im Christentum um den Gehorsam als solchen, hier sei der Gehorsam *persönlich*. Der Hirte wolle viel über seine Schafe wissen, um
sowohl den Bestand des Ganzen klar vor Augen zu haben, als auch jeden
Einzelnen gut zu kennen, seine Bedürfnisse, seine Meinungen, um jederzeit genau zu wissen, was vor sich gehe. Der Pastor wolle eingeweiht sein,
wie es in der Seele jedes Einzelnen aussieht, er vermittele Praktiken der
Selbstprüfung und wende Formen der Gewissenslenkung an, beides
Techniken, die zwar auch die griechische Antike kannte, die aber erst das
Christentum effektiv zu nutzen verstand. Das »Schaf« brauche *Beleh-
rung,* wer diese nicht annehme, sei sowieso verloren.

Foucault war der Auffassung, dass sich die Gouvernementalität an die
Pastoralmacht des Mittelalters anschloss, nur dass das Heil des Indivi-
duums nicht mehr jenseitig, sondern irdisch und in den Kategorien einer
Bevölkerungspolitik – Gesundheit, Leben, Sicherheit, Produktivität,
Reichtum – gefasst wurde.

Zitat

*Man kann sagen, das christliche Pastorat habe ein Spiel eingeführt, das weder die Griechen noch die Hebräer sich ausgedacht haben. Ein merkwürdiges Spiel, dessen Elemente Leben, Tod, Wahrheit, Gehorsam, Individuen, Identität sind; ein Spiel, das nichts mit dem Spiel der Stadt, die durch Opfer der Bürger überlebt, zu tun zu haben scheint. Wirklich dämonisch sind unsere Gesellschaften geworden, als sie diese beiden Spiele – das Stadt-Bürger-Spiel und das Hirte–Herde-Spiel – in Gestalt des sogenannten modernen Staates kombinierten.[87]*

Die Entwicklung vom Pastoral zur modernen Gouvernementalität analysiert Foucault anhand der *Staatsräson* und der *Polizeiwissenschaft*. Der Begriff *Staatsräson* wird heute eher pejorativ benutzt (Willkür, Macht), doch im 16. und 17. Jahrhundert bezeichnete er Foucault zufolge neutral das Modell der Regierungskunst und unterschied sich deutlich ebenso vom mittelalterlichen wie von Machiavellis Politikbegriff. Bei Thomas von Aquin sollte der König Gottes Lenkung nachbilden. Der Herrscher schaffe wie Gott ganze Welten, indem er zum Beispiel Städte gründe und neue Territorien erschließe. Gott und König legen ihren Geschöpfen/Untertanen ihre Gesetze auf. Der König sollte seine Gesetze im Einklang mit der natürlichen Ordnung der Dinge erlassen. Und zu dieser naturgemäßen Ordnung gehörte es, dass der Mensch den göttlichen Gesetzen zu folgen habe. Wie Gott die Menschen lenkt, so sollte auch der König die Menschen leiten. Ganz anders die *Staatsräson*, wie sie im 16. und 17. Jahrhundert u.a. von *Bogislaw Philipp von Chemnitz* entwickelt wurde. In ihr ging es um eine Anleitung einer wirklichen Regierung und nicht um die Befolgung von Naturgesetzen. Die Theoretiker der Staatsräson versuchten sich auch von Machiavellis berühmter Schrift *Der Fürst* zu unterscheiden. Denn Machiavelli sei es nur um die Stärkung des Fürsten, den Theoretikern der Staatsräson jedoch um die des Staates gegangen. Staaten seien Realitäten, die in einem umstrittenen geographischen Bereich eine unbestimmte Zeit überdauern müssten. Die Stärkung des Staates setze einen bestimmten Wissenstyp voraus. Man müsse die wichtigsten Daten über sein Territorium kennen, um sein Potential steigern zu können. Staatsräson bedeutet also Regieren entsprechend der Stärke des Staates. Ziel der Regierung sei die Steigerung der eigenen Kräfte gewesen. Im 17. Jahrhundert sei eine die Staatsräson flankierende *Polizeitheorie* entstanden, in der der Polizei umfangreiche Aufgaben überantwortet worden seien. Die Polizei sollte unter den Bürgern die Tugenden und den reibungsfreien Ablauf der Arbeit und der Geschäfte fördern und für Bescheidenheit, Fleiß, freundliches Zusammenwirken usw. sorgen. Die Polizei hatte also ursprünglich nicht nur die Funktion, im Notfall gerufen zu werden, sondern sie sollte sich positiv um jedes einzelne Individuum bemühen. Die damalige Staatsrationalität sei sowohl individualisierend als auch totalitär angelegt gewesen. Foucault fasst seine Gedanken über die totalisierenden und individualisierenden Aspekte der Staatsräson in der Folge der Pastoralmacht wie folgt zusammen:

*Ein Blick auf die sich herausbildende Staatsrationalität und darauf, was ihr erstes Polizei-Projekt war, macht klar, dass der Staat schon von Anfang an sowohl individualisierend als auch totalitär ist. Ihm das Individuum und dessen Interessen entgegenzustellen, ist nicht weniger gewagt, als es der Gemeinschaft und ihren Bedürfnissen entgegenzustellen. Die politische Rationalität hat im Laufe der Geschichte der abendländischen Gesellschaften zugenommen und sich durchgesetzt. Erst hat sie sich in der Vorstellung der Pastoralmacht verwurzelt, dann in der der Staatsräson. Individualisierung wie Totalisierung sind ihre unvermeidlichen Wirkungen. Befreiung kann nur ein Angriff bringen, der nicht bloß auf eine dieser beiden Wirkungen, sondern auf die Wurzeln der politischen Rationalität selbst zielt.*[88]

Aspekte der Totalisierung und Individualisierung (Subjektivierung) untersuchte Foucault in seiner Vorlesungsreihe über die *Geschichte der Gouvernementaliät* bis zum heutigen Neoliberalismus. Im Merkantilismus sei die Polizei umfassend eingesetzt worden. Über das Land habe sich ein System von Gesetzen und Verordnungen gezogen, mit dem Ziel Handel, Bevölkerung und Wohlstand zu mehren. Doch das zu starre Polizeiregime sei bald zum Hindernis für die weitere Entwicklung des Staates geworden. Deshalb hätten die Physiokraten[89] die Staatsräson anders als die Merkantilisten definiert. Der Staat gedeihe gerade dann am besten, wenn er in seinem Handeln sich selbst beschränkt. Er müsse seine eigene Barriere erkennen, um überhaupt, wie Foucault sagt, ein Feld der Veridiktion, also ein Feld der Wahrheitsfindung vor sich zu haben. Um die Gesetze des Marktes kennen zu lernen, dürfe man ihn nicht regulieren. Für die Physiokraten wie für die politische Theorie des Liberalismus sei der Begriff der Nützlichkeit (Utilitarismus) in Bezug auf die Staatsräson wichtig geworden. Erfolgreiches Regierungshandeln schränke sich selbst ein, beziehe sich auf Statistiken, autonome ökonomische Abläufe, objektive Fakten und Daten. Diese Begrenzung des staatlichen Handelns habe sich – so Foucault – nicht aus juristischen Argumentationen (Naturrecht versus Polizeistaat), sondern aus Motiven der Nützlichkeit ergeben. Die Privatsphäre sei im Liberalismus weniger wegen eines Naturrechts geschützt worden, sondern weil es für die Staatsökonomie so besser gewesen sei.

Foucault will darauf hinaus, dass die moderne Gouvernementalität flexibel auf historische Veränderungen reagiert. Je nach den Vorgaben wechsele sie zwischen Phasen, in denen das Individuum eng geführt wird und Phasen, in denen sich der Staat wie im Neoliberalismus einer *Regierung durch Individualisierung*[90] (Ich-AG, Flexibilisierung) bedient: *(D)ie Taktiken des Regierens gestatten es, zu jedem Zeitpunkt zu bestimmen, was in die Zuständigkeit des Staates gehört und was nicht in die Zuständigkeit des Staates gehört, was öffentlich und was privat ist, was staatlich ist und was nicht staatlich ist.*[91] Die moderne Gouvernementalität bedient sich laut Foucault als Regierungstechnik nicht eines Disziplinar-, sondern des *Sicherheitsdispositivs.* Die Differenz zwischen den unterschiedlichen Techniken der Macht – Mechanismen des Ausschlusses, der Disziplinierung und der Sicherheit – verdeutlicht er am Beispiel der Bekämpfung von Seuchen wie der Lepra, der Pest und der Pocken. Während im Mittelalter Leprakranke von der Gemeinschaft ausgeschlossen und jenseits der Mauern der Stadt interniert wurden, hat man zur Bekämpfung der Pest mit dem Unter-Quarantäne-Stellen einer Stadt eine andere Technik gewählt.

*Die Stadt im Pestzustand (...) wurde in Bezirke unterteilt und diese wiederum in Viertel; des weiteren isolierte man in diesen Vierteln bestimmte Straßen; es gab in jeder Straße Wächter, in jedem Viertel Inspektoren (...) Wir haben also eine Analyse des Territoriums bis in seine feinsten Elemente hinein; dazu eine Organisation kontinuierlicher Macht über dieses analysierte Territorium hinweg (...) Zu Beginn der Quarantäne mussten sich alle Bürger registrieren lassen. (...) Und täglich mussten die Inspektoren vor jedes Haus treten, mussten dort stehen bleiben und zum Appell bitten. Jedes Individuum bekam ein Fenster zugewiesen, an dem es erscheinen musste, und wenn man es beim Namen rief, hatte es sich am Fenster zu zeigen; zeigte es sich nicht, ging man davon aus, dass es im Bett lag; lag es im Bett, so war es krank; war es krank, so war es gefährlich. Dann musste eingeschritten werden.*[92]

Ging man bei der Lepra zu den kranken Individuen auf Distanz, wurde bei der Bekämpfung der Pest, wo die Individuen ständig kontrolliert wurden, eine völlig andere Methode angewandt. Die nach dem Modell der Pestbekämpfung funktionierende moderne Disziplinarmacht schließt nicht aus, sondern ein. Es geht weniger um die definitive Stigmatisierung eines Teils (Leprabekämpfung), sondern um die durchgängige Rasterung der Bevölkerung *mittels einer politischen Macht, deren kapillare Verzweigungen sich unablässig bis in den Kern der einzelnen Individuen, in ihre Zeit, ihre Behausung, ihren Aufenthaltsort und ihre Körper hinein erstrecken.*[93]

Wieder eine andere Morphologie hatte im 18. Jahrhundert die Bekämpfung der Pocken durch administrative Maßnahmen wie die Schutzimpfung angenommen. Impfung bedeutet, dass die Pockenerreger nicht absolut negiert wurden, sondern sie in genau verabreichter Dosis sogar zum Schutz vor der Krankheit eingesetzt werden konnten. Darin sah Foucault ein Modell für die Funktionsweise des Sicherheitsdispositivs der Gouvernementaliät, das die Menschen nicht nach einem bestimmten Muster dressieren, sondern die Gesamtbevölkerung in ein optimales Gleichgewicht bringen will. Das Sicherheitsdispositiv teilt die Menschen nicht in gesund und krank ein, sondern versucht auf der Grundlage von Datenerhebungen die besten Mittel zu finden, um entstehende Probleme im akzeptablen Ausmaß zu halten. Während die Disziplin in einem künstlichen Raum arbeitet – der Fabrik, der Schule, der Kaserne – hat es das Sicherheitsdispositiv mit der realen Bevölkerung zu tun. Der entstehenden Gouvernementalität sei bewusst geworden, dass man gesellschaftliche Probleme wie Nahrungsmangel, Hygiene in den Städten, Seuchengefahren nicht dadurch beikommen kann, dass man die Bevölkerung wie eine Fabrik durchkonstruiert. Im Umgang mit der sozialen Wirklichkeit könne es nur darum gehen, die positiven Elemente zu stärken und die problematischen Phänomene (Diebstahl, Krankheiten, Arbeitslosigkeit) ohne Perfektionsanspruch auf ein Mindestmaß zu reduzieren. So geht es zum Beispiel einer Gesellschaft mit einer *bestimmten Rate von Gesetzesverstößen gut, und es ginge ihr sehr schlecht, wenn sie diese Rate unbegrenzt verringern wollte.* (GG II, 354)

Im zweiten Band seiner Vorlesungsreihe über die *Geschichte der Gouvernementalität* untersucht Foucault am Beispiel des deutschen *Ordoliberalismus* (Ludwig Erhard, Walter Eucken, Alfred Müller-Armack) und der amerikanischen *Chicagoer Schule* (Milton Friedman, George Joseph Stigler), welche komplexen Beziehungen im Neoliberalismus des 20. Jahrhunderts der Staat mit der Gesellschaft unterhält. In der neoliberalen Gouvernementaliät finde sich die Überzeugung, dass die Freiheit des Marktes nicht – wie noch im frühen Liberalismus – ein *gegen* die Politik zu formulierendes Prinzip ist (Stichwort: Nachtwächterstaat). Im Gegenteil: *Man findet in allen Texten des Neoliberalismus dieselbe These, dass die Regierung in einem liberalen System eine aktive, wachsame und intervenierende Regierung ist (...)* (GG II, 190) Somit sei auch der Liberalismus trotz seiner Skepsis gegenüber dem Staatsapparat integraler Teil der modernen Gouvernementalität. In Teilen der deutschen Publizistik wurden Foucaults Ausführungen zum Neoliberalismus so verstanden, als sei er ein bewundernder Anhänger des Ordoliberalismus gewesen. Doch das wäre sicherlich ein Missverständnis, da es ihm lediglich darum ging, die unterschiedlichen Strategien der modernen Gouvernementalität in verschiedenen Ländern zu analysieren.

Zusammengefasst sind es drei Einschnitte, die Foucault im Hinblick auf die Regierungskunst diskutiert. Im Mittelalter sei das Problem der richtigen Regierung beim Regierenden gesucht worden, genauer in seiner Weisheit gemäß der wahren Ordnung der Dinge (der Anordnung Gottes) zu regieren. Im 16./17. Jahrhundert habe man die richtige Machtausübung nicht nach der Maßgabe der Weisheit/Wahrheit, sondern nach *einer Berechnung von Kräften, von Beziehungen, von Reichtümern, von Machtfaktoren* (GG II,417) mithin als Rationalität bemessen. Diese neue Rationalität habe in der Folge zwei Formen angenommen. In der Epoche der Staatsräson kreiste alles um die Macht des Staates, *verstanden als souveräne Individualität* (GG II, 428). In einer zweiten und von Foucault als *Scheidepunkt* (vgl. GG II, 429) bezeichneten *liberalen* Phase habe nicht mehr die Rationalität des Staates, sondern die der bürgerlichen Gesellschaft als Vereinigung von Wirtschafts- und Interessensubjekten im Mittelpunkt gestanden. Foucault fasst die verschiedenen Arten der von ihm untersuchten Regierungskünste vom Mittelalter bis ins 20. Jahrhundert zusammen: *Die Regierungskunst gemäß der Wahrheit, die Regierungskunst gemäß der Rationalität des souveränen Staats, die Regierungskunst gemäß der Rationalität der Wirtschaftsakteure, allgemeiner, die Regierungskunst nach Maßgabe der Rationalität der Regierten selbst. (...) Was ist schließlich die Politik, wenn nicht zugleich das Spiel dieser verschiedenen Regierungskünste mit ihren verschiedenen Registern und die Debatte, die diese verschiedenen Regierungskünste entfachen?* (GG II, 429f)

**Jean Baudrillards Kritik an Foucaults Machtbegriff**

In seiner Studie *Oublier Foucault* aus dem Jahr 1977[94] kritisiert der Pariser Philosoph Jean Baudrillard Foucaults Fixierung auf die Macht mit der Behauptung, dass die Macht schon längst zu einem Simulakrum geworden sei. Unter einem Simulakrum (frz. simulacre) versteht Baudrillard ein Trugbild, ein Gespenst, einen Schatten und bloßen Schein. Macht, Befreiung, Sexualität würden heute nur noch *simuliert*, weil es in Wirklichkeit die Macht gar nicht mehr gebe. In der Moderne hätten alle Dinge und Zeichen ihre Erdhaftung verloren; sie flottierten in einem medialen Orbit der Simulation. Baudrillard spricht von der Hyperrealität des Politischen. Das ganze moderne System sei gekennzeichnet von Wucherungen und Anomalien, deren Ausufern der Zeichensysteme nur ein Merkmal sei. Auf diese Kritik ging Foucault nur kurz anlässlich eines Gesprächs mit Gérard Raulet aus dem Jahr 1983 ein. Darin äußert er sein Unverständnis, da er niemals eine allgemeine Theorie der Macht geschrieben habe, sondern historische Transformationen von Machtbeziehungen aufgezeigt habe. Eine Archäologie der Machtbeziehungen in bestimmten Institutionen und Zeitabschnitten sei etwas völlig anderes als eine allgemeine Machttheorie.

# 9

## Der Wille zum Wissen

In seiner dritten Schaffensperiode verlagerte Foucault sein Interesse von der Untersuchung der gesellschaftlichen Disziplinen und Verbote hin zur Analyse der individuellen Lebensführung. In einem Vortrag aus dem Jahre 1982 an der Universität von Vermont erläuterte er den Themenwechsel: *Mit meinen Studien über Wahnsinn und Psychiatrie, Verbrechen und Strafe habe ich herauszufinden gesucht, wie wir unser Selbst auf indirekte Weise durch den Ausschluss anderer – z. B. Krimineller, Irrer usw. – konstituiert haben. Meine gegenwärtige Arbeit befasst sich mit der Frage: Wie haben wir auf direkte Weise unsere Identität geschaffen mit ethischen Selbsttechniken, die sich von der Antike bis in unsere Zeit entwickelt haben?* (DE IV,1000)

Wie in den früheren Werken über den Wahnsinn und das Strafsystem wollte Foucault zeigen, wie unsere Selbstbeschreibungen historisch geworden und veränderbar sind. Werte politischer und ethischer Art können sich weder auf eine feststehende menschliche Natur noch auf eine überzeitliche universale Vernunft berufen. Foucault misstraute dem wissenschaftlich-technischen Rationalitätsideal der westlichen Zivilisation und träumte von einer ästhetischen Lebenstechnik als einer Ethik der individuellen Selbstgestaltung. Um zu untersuchen, wie sich das abendländische Subjekt im Lauf der Geschichte konstituiert, schien ihm ein Rekurs auf die Antike nötig. Er wollte die *Differenz (...) befragen, die uns von einem Denken, in dem wir den Ursprung unseres eigenen Denkens erkennen, entfernt, sowie die Nähe, die trotz dieser von uns ständig vertieften Entfernung bleibt.* (GL 14 Fußnote 1)

Das dreibändige Werk *Die Geschichte der Sexualität: Der Wille zum Wissen, Der Gebrauch der Lüste, Die Sorge um sich* erhielt in der deutschen Ausgabe den Untertitel *Sexualität und Wahrheit,* weil für den westlichen Menschen der Bezug zwischen der Sexualität und der Wahrheit wesentlich ist. In den Worten Foucaults gibt sich für den Abendländler allgemein das *Sein (...) als eines, das gedacht werden kann.* (GL 19) Seine These zum Verhältnis zwischen der Wahrheit und Sexualität als einem typisch westlichen Problem erläutert er folgendermaßen: *Das Problem sieht so aus: Wie kommt es, dass in einer Gesellschaft wie der unseren die Sexualität nicht einfach das ist, was für die Fortpflanzung der Art, der Familie, der Individu-*

*en sorgt? Nicht einfach etwas, was Lust und Genuss bereitet? Wie kommt es,*
*dass sie als der privilegierte Ort angesehen worden ist, an dem sich unsere*
*tiefe ›Wahrheit‹ ausspricht oder ablesen lässt? Denn das ist das Wesentliche:*
*Seit dem Christentum hat das Abendland unaufhörlich wiederholt: ›Um zu*
*wissen, wer du bist, musst du wissen, was mit deinem Sex los ist.‹*[95] Im
Abendland werde eine Kluft aufgetan zwischen unseren Trieben und unserem Denken, das unsere Triebe beschreibt, erklärt etc., gerade so als seien
dies zwei völlig verschiedene Dinge, während doch schon Friedrich Nietzsche das Denken nicht als etwas Neutrales begriff und von einem Erkennt-
nistrieb, nämlich dem Willen zum Wissen sprach.[96]

Im frühen antiken Griechenland des klassischen Zeitalters ist noch
nicht von einem moralischen Subjekt die Rede, das sich als »Begehrungs-
mensch« das heißt über eine Analyse seiner Triebe und sexuellen Wünsche
identifiziert. In dieser Phase der griechischen Geschichte gab es in der
Ethik keinen eigentlichen Gegensatz zwischen Körper und Geist, sondern
hauptsächlich Überlegungen und Ratschläge, wie man seine Lüste und
Triebe zu einer – achtenswerten – ästhetischen Existenz umgestalten kann.
Im griechischen Denken wurden das Begehren, die Wünsche, die Lüste,
die Akte weniger interpretiert – zum Beispiel als rein, sauber, verdorben
oder sündig –, sondern man versuchte sie in ein rechtes Verhältnis untereinander zu setzen. Nicht wen oder was begehrt wurde, war für den Griechen problematisch, sondern wie er dem Begehren gegenüberstand: Gab
er ihm nach, wenn ja, wie – maßvoll oder zügellos. Mit Platon – doch
lange nicht so durchgängig wie im Christentum – habe jedoch eine Entwicklung eingesetzt, in der sich der Mensch zu fragen hatte, wer er ist: Was
bin ich von Natur aus? Was ist mein Körper als Teil der Natur?

Das Studium der Antike stellte sich Foucault nicht als eine einfache
Kommunikation vor, sondern *als eine verändernde Erprobung seiner sel-*
*ber (...) eine Askese, eine Übung seiner selber, im Denken.* (GL 16) Er
überlegte, wie man die vormoderne Lebenskunst für unsere postmoder-
ne Situation fruchtbar machen könnte. Heute sei die Idee einer Moral
als Gehorsam gegenüber einem Regelkodex im Verschwinden begriffen.
Es bleibe nur noch die reflektierte individuelle Lebenskunst, für deren
Methodik sich Foucault Hinweise aus der Antike erhoffte.

> Merksatz
>
> **Foucault versuchte die eigene Seinserfahrung an der Seinserfahrung**
> **der Antike zu erproben, um Kontinuitäten oder Brüche festzustellen,**
> **mit dem Ziel sich selbst und das moderne Subjekt zu transformieren.**

Das im Jahr 1976 erschienene Foucault-Buch *La volontée de savoir* dt. *Der Wille zum Wissen* als erster Band einer geplanten Reihe mit dem Titel *Geschichte der Sexualität* bildet den Übergang zur dritten Schaffensphase Foucaults. Im Unterschied zu den folgenden Büchern *Der Gebrauch der Lüste* und *Die Sorge um sich* dehnt es den Untersuchungszeitraum noch nicht bis in die Antike aus, sondern beschäftigt sich vor allem mit der von Wilhelm Reich und Herbert Marcuse vertretenen Repressionshypothese, wonach im 19. Jahrhundert (dem berühmten Viktorianischen Zeitalter) die Sexualität unterdrückt worden sei. Foucault bestreitet nicht, dass im 19. Jahrhundert die Sexualität unterdrückt worden ist, sondern dass dies der wesentlichste Aspekt des Umgangs mit dem Sex im Abendland gewesen sei. Wäre dem so, dann lebten wir im Zeitalter der sexuellen Befreiung nicht mehr unter dem von Foucault so bezeichneten Sexualitätsdispositiv. Die Probleme des 19. Jahrhunderts wären nicht mehr die unseren. Foucault behauptet jedoch, dass wir immer noch »Viktorianer« seien: *Wir Viktorianer!* (WW Kapitelüberschrift) Denn das Wesentliche sei im 19. Jahrhundert nicht gewesen, dass das Bürgertum die Sexualität unterdrückte, sondern dass ein ständiger Diskurs über sie geführt worden sei, ein Diskurs, den Foucault als *wissenproduzierend, diskursvermehrend, lusterregend und machterzeugend* bezeichnet. (WW 93)

*Sprechen wir unsere allgemeine Arbeitshypothese aus. Die Gesellschaft, die sich im 18. Jahrhundert entwickelt – man mag sie bürgerlich, kapitalistisch oder industriell nennen – hat dem Sex nicht eine fundamentale Erkenntnisverweigerung entgegengesetzt. Sie hat im Gegenteil einen ganzen Apparat in Gang gebracht, um wahre Diskurse über ihn zu produzieren.* (WW 88/89)

Das Ziel dieser Problematisierungen der Sexualität sei es gewesen, Veränderung im gesellschaftlichen Machtgefüge zugunsten des aufstrebenden Bürgertums zu bewirken. Ganze Wissenschaftszweige wie die Bevölkerungspolitik, die Psychiatrie, die Medizin, die Pädagogik beschäftigten sich im 19. Jahrhundert mit der Sexualität. Ein ganzes Wissensgebiet über den Sex – Foucault nennt es das Sexualdispositiv – sei dadurch entstanden, indem man Unterscheidungen traf und »abweichende Praktiken« benannte. *Der Sodomit war ein Gestrauchelter, der Homosexuelle ist eine Spezies. So wie es alle jene kleinen Perversen sind, die*

*die Psychiater des 19. Jahrhundert wie Insekten aufreihen und auf seltsame Namen taufen: es gibt die Exhibitionisten von Lasègue, die Fetischisten von Binet, die Zoophilen und Zooerasten von Krafft-Ebing, die Auto-Monosexualisten von Rohleder (...)* (WW 58/59)

Die Sexualität sei im 19. Jahrhundert weniger unterdrückt als kontrolliert und in bestimmte Bahnen (Dispositive) gelenkt worden. Im Westen laufe alles darauf hinaus, die Wahrheit über jemanden – seine Sexualität, sein wahres Denken usw. – wissen zu wollen, um ihn auf seine gesellschaftliche Nützlichkeit bzw. Schädlichkeit hin einschätzen zu können. *Lassen Sie es mich ganz allgemein so sagen: Die Sexualität im Abendland ist nichts, was man verschweigt, nichts worüber man zu schweigen verpflichtet ist, vielmehr ist sie etwas, das man zu gestehen hat.* (A 218) Um diesen Gedanken zu erläutern spannt Foucault den Bogen von den mittelalterlichen Beichtpraktiken des Geständnisses des Fleisches bis hin zu den Praktiken der modernen Psychoanalyse. *Alles in allem sind wir die einzige Zivilisation, in der eigene Aufseher dafür bezahlt werden, dass sie jedem zuhören, der sich ihnen über seinen Sex anvertrauen will (...)* (WW 16) Die Kontrolle der Sexualität im 19. Jahrhundert habe nicht nur ökonomischen Interessen gedient, sondern fügte sich in ein allgemeines, die westlichen Gesellschaften prägendes Kontroll-, Wissens- und Machtdispositiv ein. *Unsere Zivilisation besitzt, zumindest auf den ersten Blick, keine ars erotica. Dafür ist sie freilich die einzige, die eine scientia sexualis betreibt.* (WW 75)

Foucault unterschied vier Gegenstandbereiche, in denen im 19. Jahrhundert das Sexualitätsdispositiv immer mehr Macht-Wissen und Kontrolle über den Körper produziert habe. (Genau genommen könne man von der Sexualität im Mittelalter und in der Renaissance noch gar nicht sprechen.) Erstens sei der weibliche Körper als besonders von der Sexualität durchdrungen begriffen worden. Foucault nennt dies die Hysterisierung des weiblichen Körpers, *(...) die ›Mutter‹ bildet mitsamt ihrem Negativbild der ›nervösen Frau‹ die sichtbarste Form der Hysterisierung.* (WW 126) Zweitens sei man davon ausgegangen, dass die kindliche Sexualität – speziell die Onanie – eine große gesellschaftliche moralische Gefahr in sich berge. *Man hat eine spezifische ›Sexualität der Kinder‹ konstituiert. Eine heikle gefährliche und ständig zu überwachende Sache.* (DM 181) Drittens habe man sich immer mehr gesamtgesellschaftlich um die Geburtenkontrolle (*Sozialisierung des Fortpflanzungsverhaltens*) gesorgt und schließlich seien viertens bestimmte sexuelle Instinkte als pervers eingestuft und als alle möglichen Anomalien pathologisiert worden, um für sie Korrekturtechniken zu erfinden.

Hätte es sich beim Sexualdispositiv um ein bloßes Mittel zur Unterdrückung des Sexualtriebs zum Zwecke der Stärkung der ökonomischen Leistungskraft gehandelt, dann hätte diese Unterdrückung noch am ehesten bei der Arbeiterklasse angewendet werden müssen. Doch davon könne Foucault zufolge für das 19. Jahrhundert keine Rede sein. Vielmehr habe sich das Bürgertum mittels des Sexualdispositive ein Instrument gegeben, sich von den anderen Klassen durch einen gesunden Körper zu unterscheiden. Was für den Adel das blaue Blut war (der altehrwürdige Stammbaum), das sei für das Bürgertum das ererbte gesunde Blut gewesen. Bei einer Heirat sei es dem Bürger neben finanziellen Erwägungen mindesten genau so wichtig gewesen, in eine Familie einzuheiraten, die keine Erbkrankheiten auswies und einen gesunden Eindruck machte. *Das ›Blut‹ der Bourgeoisie war ihr Sex.* (WW 150) Das Bürgertum habe lange gezögert, dieses Instrument aus der Hand zu geben, um es auch den anderen Klassen zugänglich zu machen. Doch Erfordernisse in der Bevölkerungspolitik, die beengten Verhältnisse in den Städten, Choleraepidemien usw. hätten es unumgänglich gemacht, das Dispositiv der Sexualität gegen Ende des 19. Jahrhunderts auch auf die anderen Klassen auszudehnen. Dabei habe die Bourgeoisie sorgfältig darauf geachtet, dass ihr die Erweiterung des Sexualitätsdispositivs auf das Proletariat nicht zum Nachteil wurde.

*Schule, Wohnungspolitik, öffentliche Hygiene, Fürsorge- und Versicherungsanstalten, die allgemeine Medizinierung der Bevölkerung – ein ganzer administrativer und technischer Apparat machte es möglich, das Sexualitätsdispositiv gefahrlos in die ausgebeutete Klasse einzuführen, so dass es nicht der Klassenbehauptung gegen das Bürgertum dienen konnte, sondern ein Instrument von dessen Hegemonie blieb.* (WW 152)

Für Foucault ging es deshalb nicht darum, die Sexualität zu befreien, weil dieser Diskurs sie nur immer weiter in die Fallstricke der Macht verwickeln würde. Vielmehr träumte er von der Utopie eines aus dem Sex herausgesetzten Körpers und davon, ein anderes Verhältnis zu seinem Körper zu entwickeln.[97] Gegen das Sexualitätsdispositiv könne (...) *der Stützpunkt des Gegenangriffs nicht das Sex-Begehren sein, sondern die Körper und die Lüste.* (WW 187) Die Spuren des Umgangs mit der Lust verfolgte Foucault bis in die griechische und römische Antike, wobei er auf Subjektivierungsformen stieß, die sich vielleicht für eine zukünftige Ethik der Lust zumindest in einigen Ansätzen verwenden ließen.

# Der Gebrauch der Lüste

> Aber könnte nicht das Leben eines jeden
> *Individuums ein Kunstwerk sein?* (DE IV,473)

Die beiden Bände *Der Gebrauch der Lüste* und *Die Sorge um sich* sollten einer einfachen chronologischen Einteilung folgen: *Der Gebrauch der Lüste* behandelte die Problematisierung der sexuellen Aktivität im 4. Jahrhundert vor Christus, der Band *Die Sorge um sich* ist den Fragen der Sexualität in den beiden ersten Jahrhunderten nach Christus gewidmet. Geplant war noch ein vierter Band mit dem Titel *Les aveux de la chair – Die Geständnisse des Fleisches,* der von der Herrschaft und der Pastoral des Fleisches handeln sollte. Dieser Band wurde zwar von Foucault weitgehend fertiggestellt, konnte aber wegen eines testamentarisch verordneten posthumen Publikationsverbots nicht erscheinen.

Foucault zufolge sind in Fragen der Moral zwei Aspekte streng voneinander zu unterscheiden. Ein Aspekt der Moral beinhaltet die Ausarbeitung von Normen. Der andere betrifft die Subjektivierungsform dieser Normen, das heißt, wie sich die Individuen u. U. gleiche moralische Normen jeweils unterschiedlich aneignen. *(D)ie Vorschriften mögen sehr ähnlich lauten; (..) Die Weise, in der die sexuelle Aktivität als eine moralische Angelegenheit konstituiert, anerkannt, organisiert wurde, ist nicht schon darum identisch, weil das, was erlaubt oder verboten ist, was empfohlen oder wovon abgeraten wird, identisch ist.* (GL 314) Vergleicht man die Antike mit dem christlichen Abendland, so stellt man fest, dass sich die konkreten Regeln betreffs Gesundheit, Sexualität, Wahrheitserwerb (nur ein selbstbeherrschter Mensch könne zur Wahrheit finden) gar nicht sehr voneinander unterscheiden. Doch in den verschiedenen Kulturen eignen sich die Individuen die Gebote und Regeln unterschiedlich an.

Die griechische Subjektivierungsform der Moral habe ganz unter dem Gesichtspunkt der *Selbstbeherrschung* (DE IV, 830) gestanden. Die sexuelle Energie sei als eine Gewalt empfunden worden, an der sich der freie Bürger zu bewähren habe. Das klassische Griechenland sei durch eine reine Männer- und Machtmoral gekennzeichnet gewesen. Normen wie keinen Ehebruch zu begehen, galten nicht aus Rücksicht auf die Frau, sondern weil der Mann um den Verlust seiner Kraft fürchtete. Die Lust und die Sexualität an sich seien den Griechen keineswegs suspekt gewesen, sondern ihnen sei es darum gegangen, mit ihren Begierden so umzugehen, dass ihre politische Stellung in der Polis nicht gefährdet wurde. Einem Bürger, der sich selbst nicht im Griff gehabt hätte, hätte man nur ungern die politischen Geschäfte anvertraut. Die stets an Macht interessierten Griechen hätten das Ziel verfolgt, durch ihre Lebensführung einen Glanz um sich herum zu verbreiten. Es sei ihnen um eine Stilisierung ihres sexuellen Verhaltens und um Machtverhältnisse, nicht wie im Christentum um die peinigende Läuterung der Seele von unreinen Gedanken bzw. Begehrensarten gegangen.

**Exkurs**

**Ödipus Rex und die Macht**

1973 verfasste Foucault eine Interpretation des *Oedipous tyrannos* von Sophokles, die zeigen sollte, dass es in diesem Stück nicht wie in den Interpretationen von Freud und Deleuze/Guattari[98] um die Problematik des Begehrens, sondern um die des Macht-Wissens gehe. Ödipus' Problem sei nicht die Schuld, sondern die Furcht, seine Königsmacht, die zu Beginn wegen der Pest in Theben in Frage gestellt wurde, zu verlieren: *Er erschrickt nicht vor dem Gedanken, er könnte den Vater oder den König getötet haben. Was ihn erschreckt, ist der Verlust seiner eigenen Macht.*[99] Ödipus misst den Gesetzen wenig Bedeutung zu. Was allein zähle, seien seine Willensäußerungen und Befehle, so zum Beispiel derjenige, Kreon zu verbannen. Ödipus habe durch sein Wissen das Rätsel der Sphinx lösen können, seine ganze Macht, König von Theben zu sein, erlangt. Foucault spricht in diesem Zusammenhang von einem *Wissen-und-Macht* bzw. *Macht-und-Wissen* Komplex.[100]

Niemals sei man im alten Griechenland auf den Gedanken gekommen, *jemanden gemäß seiner Sexualität zu identifizieren* (DE IV, 816), zum Beispiel ihn als Homosexuellen zu begreifen. An der griechischen Moral schätzte Foucault, dass es in ihr um eine Lebenstechnik, eine Kunst der Existenz gegangen sei und nicht um eine Ethik, welche eine natürliche Ordnung oder ein Wesen der Lust dekretiert. Der griechische Bürger habe seinem Leben eine schöne Gestalt geben wollen, um noch über seinen Tod hinaus den anderen ein gutes Beispiel an Ruhm und Ehre abgeben zu können. Foucault wollte sich jedoch nicht als ein Anhänger der griechischen Moral verstanden wissen, da sie asymmetrisch gewesen sei und z. B. die Interessen der Frauen nicht berücksichtigte: *Die griechische Moral der Lust ist an eine virile* (männliche R.R.) *Gesellschaft gebunden, an die Vorstellung der Asymmetrie, an die Ausschließung des anderen, an die Besessenheit von der Penetration, an diese Drohung, seiner Energie beraubt zu werden ... Das alles ist eindeutig abstoßend.* (DE IV, 468)

Foucault fragt, aus welcher Haltung heraus Normen eingehalten werden. Befolgt man Gesetze, weil dies alle anderen tun, um der Tradition Folge zu leisten, oder um sich selbst und seine Gesundheit zu schützen? Das seien jeweils verschiedene Gründe, sich selbst zu regieren (Subjektivierungsweisen). Während sich in der Geschichte des Abendlandes die moralischen Grundnormen vielleicht gar nicht so sehr geändert hätten, gelte dies nicht für die Vielfalt der Selbstverhältnisse in den verschiedenen Epochen. Foucault benutzt den Begriff Subjektivierungsform im Gegensatz zu dem Begriff Bewusstseinsform, um darauf hinzuweisen, dass es in der Moral nicht um ein Wissen und Bewusstsein, sondern um einen ständigen Kampf, um eine ständige Arbeit geht, den ein Teil des Selbst gegen einen anderen zu führen hat.

Den griechischen Ethikansatz bezeichnet Foucault als eine *Ästhetik der Existenz,* denn wie es in einer Passage in Xenophons *Kyrupaideia* heiße, sende ein Mensch, der sich selbst im Griff hat, positive Signale aus. Seelische Abgerundetheit könne als Vorbild für andere dienen: *(...) sorgfältige Kontrolle der Seele und des Körpers sowie sparsame Gebärden (...) so dass keine ungewollte (...) gewaltsame Bewegung eine schöne Ordnung störte (...)* (GL 120) Foucault erläutert diese Textstelle: *Das Individuum vollendet sich als Moralsubjekt in der Plastik eines genau bemessenen Verhaltens, das allen sichtbar und eines langen Gedächtnisses würdig ist.* (GL 120)

Zusammengefasst ergibt sich für die Sexualmoral im alten Griechenland: *Das ist nur eine Skizze in vorläufiger Absicht: einige allgemeine Züge, die andeuten, wie man im klassischen griechischen Denken die sexuelle Praxis reflektiert und sie als Moralbereich konstituiert hat. Die Elemente dieses Bereiches – die ›ethische Substanz‹ – bestanden in den aphrodisia, das heißt in Akten, die, von der Natur gewollt, von ihr mit einer intensiven Lust verbunden wurden und zu denen sie mit einer Kraft treibt, die jederzeit ausufern und aufständisch werden kann. Das Prinzip der Regulierung dieser Aktivität, die ›Unterwerfungsweise‹, war nicht durch eine universelle Gesetzgebung bestimmt, die die erlaubten und verbotenen Akte festgesetzt hätte; sondern eher durch eine Geschicklichkeit, eine Kunst, die die Moda-*

*litäten des Gebrauchs in Rücksicht auf verschiedene Variablen (Bedürfnis, Augenblick, Stand) vorschrieb. Die Arbeit, die das Individuum an sich selber vorzunehmen hatte, die nötige Askese, besaß die Form des Kampfes, der zu führen ist, eines Sieges, der zu erringen ist, indem man nach dem Modell einer häuslichen oder politischen Macht eine Herrschaft seiner über sich errichtet.* (GL 121)

Gegen Ende seines Buches erläutert Foucault, wie sich in der Antike die Diskussion über den richtigen Gebrauch der Lüste hin verschob zu einer Hermeneutik (Kunst der Deutung) des Begehrens bzw. des Subjekts. Eine Schlüsselstellung komme Platons Symposion zu, in welchem der Blick nicht mehr auf das Liebesverhältnis und die Liebespraktiken, sondern auf das Wesen der Liebe gerichtet werde, sodass nicht mehr die deontologische, sondern die ontologische Frage nach der Liebe bei Platon im Vordergrund gestanden habe. Im Symposion sei es nicht mehr der Jüngling, der begehrt werde, sondern umgekehrt begehre der Jüngling (Alkibiades) den weisen Sokrates; allerdings nur in dem Grad, indem sich Sokrates der körperlichen Liebe verweigere und nach dem Geistigen strebe. Im Symposion – so Foucault – werde die Liebe als Sehnsucht nach dem Schönen und in letzter Instanz nach den Ideen dargestellt: Anstelle des konkreten Körpers, stehe nun der Idealkörper. Foucault meinte, dass mit dieser Transformation schon die christliche Frage nach der Enthaltsamkeit und dem Subjekt des Begehrens als der Unterscheidung zwischen dem wahren und dem falschen Begehren gestellt wurde.

Zwischen dem antiken Ethikmodell und dem Christentum lassen sich zwei Unterschiede feststellen. Zum einen handelt es sich im Christentum um eine Pflichtenmoral, wonach ein bestimmter Kodex an ethischen Regeln strikt einzuhalten ist, während in der Antike bestimmte Verhaltensweisen eher anempfohlen werden. Der zweite Unterschied betrifft die Bewertung von Wünschen und Handlungen. Während in der antiken Moral bei der Beurteilung eindeutig der Schwerpunkt auf die Frage der Selbstbeherrschung und der Handlungen (Akte) gelegt wird, nimmt das Pastoral die Art der Wünsche, die »quälenden« Begierden ins Visier. Das christliche Selbst will sich nicht wie der Grieche in einer Selbststilisierung erst erschaffen und erproben (Ästhetik der Existenz), sondern es will mittels der Reflexion über sein Begehren herausfinden, wer es eigentlich ist (Hermeneutik des Begehrens). Die Nähe des christlichen Modells zur späteren Freudschen Psychoanalyse ist insofern vorhanden, als auch in ihr Formen der Persönlichkeitsentwicklung eng mit Fragen des Geständnisses über sexuelles Begehren verknüpft werden.

*Schematisch könnte man sagen, dass die Moralreflexion der Antike über die Lüste nicht auf eine Kodifizierung der Akte und nicht auf eine Hermeneutik des Subjekts abzielt, sondern auf eine Stilisierung der Haltung und eine Ästhetik der Existenz.* (GL 122)

Foucaults Sicht der antiken Ethik – dass es ihr um die Selbstregulierung des Körpers in Bezug auf die Lüste ankam – wird aus verschiedenen Gründen von Wolfgang Detel und Pierre Hadot kritisiert. Detel argumentiert gegen Foucault, dass die antike Diät keine Lebenskunst gewesen, sondern der Beginn einer Disziplin innerhalb des medizinischen Denkens gewesen sei. Das heißt, es sei also primär um die Gesundheit und nicht um ethisch/stilistische Fragen wie Macht und Selbstbeherrschung gegangen. Nach dem französischen Historiker Pierre Hadot kreiste die antike Sorge um sich nicht um das einzelne Subjekt, sondern darum, ob dieses Subjekt sich würdig erweise an einer universalen Vernunft teilzuhaben. Das sei der eigentliche Sinn der Überlegungen Platons gewesen, der Foucaults ästhetisierende Darstellung der Selbstkultur widerspreche: *Die stoische Übung zielt (...) darauf ab, das Selbst zu überschreiten und in Einheit mit der universellen Ratio zu denken und zu handeln.*[101]

# Die Sorge um sich

Der 1984 erschienene dritte Band von Sexualität und Wahrheit, *Die Sorge um sich,* thematisiert, wie sich in der spätantiken Welt unter den Adligen, Senatoren und Rittern eine Selbstkultur als Aufmerksamkeit für das eigene Leben herauszubilden begann. Das Ziel für diese Adelsschicht sei es gewesen, ein freier, vernünftiger, unabhängiger Mann zu werden und sich nur um solche Dinge zu kümmern, für die es sich auch wirklich lohne. Es wurde nach Wegen gesucht, wie man sein Leben frei und von den Unbilden der Zeit möglichst unabhängig führen könnte. Dazu wurden Gedanken ausgetauscht, Ratschläge erteilt, Praktiken und Übungen vorgeschlagen. Es bildeten sich ganze Schulen (Stoa, Epikur, Skepsis), um in den Lebensfragen voranzukommen. Während zur Zeit Platons (griechische Klassik) das Problem der Selbstkultur als politisch-ästhetische Wahl – man wollte vor den anderen in einem gewissen Glanz dastehen – im Vordergrund stand, änderte sich die Situation im Hellenismus der Spätantike (im ersten und zweiten Jahrhundert unserer Zeitrechnung). Nun sei in der Ethik nicht mehr alles auf die Ausformulierung eines Männlichkeitsideals und den Antagonismus der Triebe hinausgelaufen.

In der Spätantike verwandelte sich die Weise, wie man sich als ethisches Subjekt ansieht. Die Stoiker beginnen sich *als universale Wesen anzuerkennen.* (DE IV, 481) Üblicherweise wird die Zunahme der Reflexion über die Selbstpraktiken mit der Krise der Polis erklärt, also, dass mit den unübersichtlich werdenden politischen Verhältnissen – beginnender Kosmopolitismus, Weitläufigkeit des Regierungshandelns – die Selbstsorge immer wichtiger wurde. Doch Foucault setzt einen anderen Schwerpunkt, wenn er die Fülle der lebenspraktischen Reflexionen in der Philosophie der Spätantike zu erklären versucht. Wenn man genauer die spätantike Selbsterkenntnis und Lebenspraktik analysiere, habe es sich nicht um einen Rückzug ins Privatleben gehandelt, sondern es sei in ihnen darum gegangen, sich über das politische Engagement nur noch klarer zu werden als vorher. In der griechischen Polis sei die politische Verantwortung weitestgehend aus Erbschaftsverhältnissen entsprungen. Dieser Automatismus sei im Hellenismus verloren gegangen, da im Vergleich zur klassischen griechischen Antike in der Spätantike die politische Position des Adels komplexer geworden sei: Die politischen Verhältnisse ließen den Bürger einmal als Regierten und dann auch wieder als Regierenden erscheinen. In einer solchen Situation wurde es schwieriger, ein adäquates Selbstverhältnis zu finden. Einer der Ratschläge lautete, dass man nicht voll in seiner politischen oder sozialen Rolle aufgehen sollte. Bei dem Stoiker Marc Aurel (121-181 n. Chr.) heißt es zum Beispiel *Hüte dich, dass du nicht verkaiserst (...) wirst!* (DS 122) Zwar müsse man seine politischen Pflichten ernst nehmen, doch man solle auch immer eine gewisse Distanz zu ihnen wahren. *Auch aus verborgenem Winkel kann man den Sprung hinauf in den Himmel tun,* so Seneca. (DS 116)

Foucault unterscheidet drei antike Praktiken des Selbst: 1. Das Erprobungsverfahren, mittels dessen man zum Beispiel für ein paar Tage eine Diät erprobt, um sich zu vergewissern, wie weit man schon vom Luxus abhängig ist. 2. Die Gewissensprüfung, bei der man morgens die Anforderungen des Tages überschlug, um sich am Abend dann Rechenschaft über Erfolge und Fehler abzulegen. 3. Eine weitere Übung galt der Sicherheit des Urteils. Welchen Urteilen, Meinungen kann man aus welchen Gründen trauen? Man besann sich auf Sokrates' Satz aus der *Apologie: Ein Leben ohne Selbstprüfung verdient nicht gelebt zu werden.* Immer solle man sich über die Kürze des Lebens bewusst sein und gemäß *den Geboten der Philosophie (...)* niemals die Heiterkeit verlieren. Da sich der Beamte in seiner politischen Stellung überall aufs äußerste gefährdet sah – überall lauerten Probleme und potentielle Feinde: Volk, Gegner, Vorgesetzte, Intrigen, Komplotte – galt der Ratschlag, sich auf kommende Schläge rechtzeitig mental vorzubereiten. *Für Epiktet oder für Seneca (...) muss (man) sich bestimmten Übungen unterziehen, wie etwa sich über zwei oder drei Tage der Nahrung enthalten, um sicher zu sein, dass man sich beherrschen kann. So dass man, wenn man sich eines Tages im Gefängnis wieder findet, nicht darunter leiden wird, beispielsweise fasten zu müssen. Und so muss man bei allen Lüsten vorgehen – es ist eine Form von Askese, die man weder bei Platon noch bei Sokrates, noch bei Aristoteles findet.* (DE IV, 482) Man könne sich auch dadurch schützen, indem man eine feste Burg von Grundsätzen um sich herum aufbaut, auch indem man seine Ambitionen zügele und ihnen vernünftige Schranken setze.

Zwar stehe es dem Beamten gut an, von seinen privaten Problemen abzusehen und sich ganz in den Dienst seiner Funktion zu stellen. Dazu gehöre eine bestimmte kontinuierliche feste Persönlichkeitsstruktur und dass er sich in seiner Arbeit am Selbst auch einmal zurücknehmen könne. Wenn jedoch die politische Betätigung zu sehr von der eigentlich wichtigen Arbeit am Selbst ablenke, solle man sie nach und nach aufgeben. *Es ging darum, eine Ethik zu erarbeiten, die es erlaubte, sich selbst im Verhältnis zu diesen gesellschaftlichen, bürgerlichen und politischen Tätigkeiten, welche verschiedene Formen sie auch annahmen, und in welchem Abstand man sich davon halten mochte, als Moralsubjekt zu konstituieren.* (DS 128)

In einigen zeitgenössischen ethischen Texten wurde empfohlen auf fast jede Nuance des Alltags zu achten. Man entwickelte eine Neugierde für die Regungen des Geistes und versuchte seine Stimmungen und Gefühlslagen in bestimmten Augenblicken und Situationen zu verstehen. Vieles am Alltagsleben sollte nicht hingenommen werden, anderes neu eingeschätzt werden. Die Reflexionen des Marc Aurel im folgenden Brief zeigen, wie aufmerksam er jedes Detail seines Alltags registrierte. Sie sind ein von Foucault herangezogenes Beispiel für die neue Aufmerksamkeit einer Ethik der *Selbstsorge, bzw. der Sorge um sich.*

*Wir sind wohlauf. Ich habe heute lange geschlafen, wegen der leichten Erkältung, die jetzt abzuklingen scheint. Von etwa fünf bis neun Uhr heute morgen habe ich teils in Catos De Agricultura gelesen, teils habe ich geschrieben, jedoch beim Himmel nicht solchen Unsinn wie gestern. Nachdem ich meinen Vater begrüßt hatte, habe ich meiner Kehle Linderung verschafft, ich möchte nicht sagen durch Gurgeln – obwohl das Wort gargarisso sich, glaube ich, bei Novius und anderen findet –, aber indem ich Honigwasser bis zur Kehle rinnen ließ und dann wieder ausspie. Nachdem ich meiner Kehle Linderung verschafft hatte, ging ich zu meinem Vater und begleitete ihn zu einem Opfer. Danach aßen wir. Was, glaubst du, habe ich gegessen? Ein winziges Stück Brot, während ich zusah, wie andere Bohnen, Zwiebeln und Heringe voller Rogen verschlangen. Dann haben wir hart bei der Weinlese gearbeitet; wir haben kräftig geschwitzt, waren fröhlich und ließen, wie der Dichter sagt, ›noch ein paar Trauben für die Nachlese hängen‹. Nach sechs kamen wir nach Hause. Ich habe nur wenig gearbeitet, und das recht ziellos. Danach habe ich mit meiner lieben Mutter geplaudert, während sie auf dem Bett saß.[102]*

Foucault fasst die Vor- und Nachteile der antiken Moral wie folgt zusammen: Positiv sei, dass von einer kleinen Gruppe von Leuten an einer Ästhetik der Existenz, an einem Lebensstil gearbeitet worden sei. Man verlangte keineswegs, dass alle dem gleichen Lebensschema zu folgen hätten. Niemals waren die Vorschläge als Verpflichtungen, sondern immer nur als Empfehlungen gedacht. In der Antike bildete sich eine ums Ich besorgte Kunst der Existenz heraus, in der eventuell gefährlich werdende Triebe, Fehler und Verhaltensweisen ausgemerzt bzw. in eine schöne Form gebracht werden sollten. Es wurden Praktiken und Übungen diskutiert und empfohlen, mittels derer man die Kontrolle über sich behalten kann, um am Ende *zum reinen Genuss seiner selbst (zu) gelangen.* (DS 305) *Am Ursprung dieser Modifikation in der Sexualmoral steht nicht die Verschärfung der Verbotsformen, sondern die Entwicklung einer Kunst der Existenz (...)* (DS 305) Es sei in ihr nicht um *Seelenentzifferung und reinigende Hermeneutik der Begehren* (DS 307) gegangen, nicht um die Unterwerfung unter ein allgemeines Gesetz, oder den persönlichen Willen Gottes, sondern um die Entwicklung neuer Modalitäten des Selbstbezugs. Dem habe auf der Negativseite gegenübergestanden, dass bestimmte Selbstpraktiken als mit der Vernunft in Einklang stehend nach und nach den Charakter der Allgemeingültigkeit zu beanspruchen begannen. Eine Universalisierung eines Existenzstils für alle Menschen lehnt Foucault jedoch ab.

Zwischen der antiken Ethik und der Moderne gibt es nach Foucault gewisse Parallelen. Heute wie damals brach eine Welt zusammen, damals die Poliswelt, gegenwärtig die Welt der kodifizierten Werte. Die Menschen mussten und müssen sich neu orientieren und dabei sollte es nach Foucault auf eine Ethik der Selbstsorge hinauslaufen. *Über Jahrhunderte hatten wir die Überzeugung (...) dass wir nichts ändern könnten, zum Beispiel an unserem Sexual- oder unserem Familienleben, ohne unsere Ökonomie oder unsere Demokratie in Gefahr zu bringen. Ich glaube, dass wir uns von der Idee eines analytischen und notwendigen Bandes zwischen Moral und den anderen sozialen, ökonomischen oder politischen Strukturen befreien müssen.* (DE IV,472f) Foucaults Ethik einer *Sorge um sich* geht es um eine Veränderung des Selbst und seiner Sicht- und Verhaltensweisen. Steht im Existenzialismus das *authentische* Selbst – *Hier stehe ich und kann nicht anders* – im Mittelpunkt, verkörpert die Ethik der »Sorge um sich« eine Selbsttechnologie, in der Werte- und Regelverhalten als Voraussetzung für die Aus- und Umbildung einer Persönlichkeit angesehen werden. Wie Nietzsche fordert Foucault dazu auf, Experimente zu wagen um aus seinem Leben ein Kunstwerk zu machen: *(W)ir haben etwas zu schaffen, das noch nicht existiert und von dem wir nicht wissen können, was es sein wird.*[103]

# Hermeneutik des Subjekts

In der 1982 am *Collège de France* gehaltenen Vorlesungsreihe *Hermeneutik des Subjekts* untersuchte Foucault, wie sich der neuzeitliche Subjektbegriff aus Traditionen herauskristallisierte, die weit in die Antike zurückreichen. Hauptthese ist, dass im Laufe der abendländischen Geschichte das delphische *Erkenne dich selbst (gnothi seauton)* die ebenfalls von den Griechen entwickelte *Sorge um sich (epimeleia heauton)* nach und nach in den Hintergrund gedrängt habe. In der Neuzeit sei es dann René Descartes gewesen, der mit dem *cogito ergo sum* die *Selbstpraxis* vollends zugunsten der *Selbsterkenntnis* vernachlässigt habe. *Das ›Erkenne dich selbst‹ hat das ›Achte auf dich selbst‹ in den Schatten gerückt; unsere Moral, eine asketische Moral, unterstellt, man könne das Selbst zurückweisen.* (DE IV, 973)

Laut Foucault erschließt sich dem Subjekt die Wahrheit nicht einfach mittels Wissenschaft, sondern beim Erkennen müsse das Selbst einen Schritt hin zur Wahrheit machen. Diese Umformung des Selbst nennt Foucault »Geistigkeit«. Descartes' Ideal der wissenschaftlichen Begründung habe die aus der Sicht Foucaults wichtige Spiritualität des Selbstbezuges überlagert. Den Begriff der *Geistigkeit* erläutert er wie folgt:

**Zitat**

*Wir nennen (...) ›Geistigkeit‹ das Ensemble von Suchverfahren, Praktiken und Erfahrungen, die Läuterung, Askese, Verzicht, Umwandlung des Blicks, Lebensveränderungen usw., (...) die zwar nicht für die Erkenntnis, aber für das Subjekt, das Sein selbst des Subjekts, den Preis darstellen, den es für den Zugang zur Wahrheit zu zahlen hat (...)* (HS 32)

Beim Erkennen müsse das Subjekt sozusagen einen Ortswechsel vornehmen und von diesem Ortswechsel aus wieder auf sich zurückkommen. In diesem Zusammenhang hebt Foucault die geistige Übung der *Vogelschau* bei Seneca und in der gesamten Stoa hervor, als *(...) eine der grundlegendsten geistigen Erfahrungsformen (...), die wir je im Abendland vorgefunden haben.* (HS 351) *Es ist der Blick von hoch oben hinab auf sich selbst; es ist kein aufsteigender Blick und kein Blick, der auf etwas anderes als die Welt,*

*in der wir uns befinden, gerichtet ist. Vogelschau von sich selbst auf sich,*
*welche die Welt, zu der wir gehören, einschließt, und die auf diese Weise die*
*Freiheit des Subjekts in eben dieser Welt gewährleistet.* (HS 351)

Mittels »Geistigkeit« sei das Subjekt in der Lage sich derart zu transformieren, dass sich die Wahrheit in ihm ereignen kann. Doch in der
Moderne orientiere man sich bei der Wahrheitsfindung zumeist an wissenschaftlichen Erkenntnissen, weil sie »objektiv« und »richtig« seien. In
der Antike sei dies anders gewesen. Damals habe das Wissen dem Selbst
und nicht umgekehrt das Selbst der Wissenschaft dienen sollen. Das
Wissen sei geprüft worden, ob es überhaupt wert sei, Einlass ins Subjekt
zu finden. Dazu – so Foucault – seien Übungen empfohlen worden wie
die *Spaziergangsübung*, während der man all die verschiedenen Vorstellungen und Dinge, die die Welt uns bei einem Spaziergang bietet, danach
prüft, *(...) in welchem Maße wir auf sie einwirken können, ob wir von*
*ihnen abhängen oder ob sie in unserer Macht stehen.* (HS 368) Wichtiger
als Faktenwissen sei in der Antike der Gedanke der *Sorge um sich* im
Sinne eines *Achte auf dich selbst!* gewesen. Das Subjekt sei in der Antike
nicht wie in der Neuzeit aufgrund eines feststehenden Erkenntnisappa-
rates als zur Wahrheitsfindung fähig erachtet worden, sondern weil es an
sich arbeite. Zusammenfassend sei es in der antiken Selbstpraxis nicht
um die Freilegung objektiv vorliegender Wahrheiten gegangen, sondern
wie man sich mittels bestimmter Übungen, Praktiken und Ratschläge für
die verschiedensten Lebenssituationen wappnen und seine Unabhängig-
keit im Ernstfall bewahren könne. *Im Rahmen dieser Praxis stößt man*
*nicht (...) auf eine tief in einem selbst verborgene Wahrheit, sondern man*
*verinnerlicht die erhaltenen Wahrheiten durch eine fortschreitend intensi-*
*vierte Aneignung.* (DE IV, 433)

Weitere antike Übungen beinhalteten bestimmte Meditationen, deren
berühmteste die *praemeditatio malorum,* das Vorausbedenken zukünftigen Unglücks ist, die von den Epikuräern allerdings abgelehnt wurde.
Die Stoiker hingegen empfahlen, sich systematisch mit dem schlimmstmög-
lichen Fall auseinander zu setzen. Wir sollten uns vorstellen, bereits des
Landes verwiesen zu sein, bereits gefoltert zu werden, um uns selbst an
die schlimmsten Dinge zu gewöhnen und für den Ernstfall gewappnet zu
sein. Zu den *meditatio* gehörte, seine Gedanken zu überwachen, schließlich lasse man ja auch nicht jeden Beliebigen in eine Stadt ein. Epiktet
ging es jedoch nicht wie in der christlichen Religion darum, sich selbst
gegenüber eine hermeneutische Haltung einzunehmen: zum Beispiel aus
scheinbar harmlosen Gedanken wollüstige Inhalte herauszulesen, um
sich fortan als Sünder oder Lüstling usw. zu begreifen. Ihm sei es um

etwas anderes gegangen, nämlich herauszufinden, wie das Vorgestellte auf einen wirkt, ob es einen bewegt, berührt und wenn ja, warum dies so sei (vgl. DE IV, 436): *Diese Kontrolle der Vorstellungen hat nicht das Ziel, unter dem Erscheinenden eine verborgene Wahrheit herauszulesen, welche die des Subjekts selbst wäre; vielmehr sind diese Vorstellungen, so wie sie kommen, Anlass, an eine Reihe von Grundsatzwahrheiten zu erinnern, die Tod, Krankheit, Leiden das politische Leben usw. betreffen.* (DE IV,437) Doch die wichtigste all dieser Praktiken des Selbst sei die Meditation über die Einübung in den Tod gewesen. Jeder Tag sollte in ihr so begriffen werden, als sei er der letzte (Seneca). Epiktet fragte: *Und du, bei welcher Beschäftigung möchtest du vom Tod ergriffen werden?* (DE IV, 438)

Die hellenistische *Sorge um sich* war aus Foucaults Sicht keine Moral des Egoismus, da ja die Pflege des Selbst auch anderen nützen kann. Diesen Gedanken erläuterte Foucault in einem Interview folgendermaßen: *(W)enn Sie wissen (...), was es für Sie bedeutet, Bürger einer Polis zu sein, Hausherr in einem oikos zu sein, wenn Sie wissen, welche Dinge Sie fürchten müssen und welche Sie nicht fürchten dürfen, (...) wenn Sie schließlich wissen, dass Sie vor dem Tod nicht Angst haben dürfen, dann können sie in diesem Augenblick nicht ihre Macht über die anderen missbrauchen.* (DE IV, 885) Vielmehr gelte umgekehrt, dass wer nicht genug an sich arbeite und aus Bequemlichkeit Irrtümer verbreite, anderen schade. Erst im Christentum sei die *Sorge um sich* in den Verdacht der Eigenliebe geraten. So forderte der Kirchenlehrer Gregor von Nyssa, um zum ewigen Heil zu gelangen den Verlust des Selbst und die Loslösung von allen irdischen Banden. *Im Christentum hat Askese stets mit einem gewissen Verzicht auf das Selbst und die Wirklichkeit zu tun, weil unser Selbst die meiste Zeit Teil jener Wirklichkeit ist, auf die wir verzichten müssen, wenn wir Zugang zu einer anderen Realität finden wollen. Diese Wendung zum Verzicht auf das Selbst ist ein charakteristisches Merkmal christlicher Askese.* (DE IV, 985) Im Christentum habe man durch bestimmte Exerzitien (Beichte, Enthaltsamkeitsübungen) in Erfahrung bringen wollen, ob man des jenseitigen Heils würdig bzw. welcher Mensch man eigentlich sei. *Die klassische Antike kannte keine Problematisierung der Selbstkonstitution als Subjekt; seit dem Christentum hingegen wurde die Moral von einer Theorie des Subjekts mit Beschlag belegt.* (DE IV, 872) Im Gegenteil dazu sei es in der Stoa nicht um den Verlust der Wirklichkeit, sondern um eine Bewältigung der irdischen Probleme durch die Aneignung von Wissen und die Einübung richtiger Verhaltensregeln gegangen.

In den Kreis seiner Überlegungen zu einer Ästhetik der Existenz gehören Foucaults Studien über den griechischen Begriff *parrhesia*, die er im Oktober 1983 in sechs Vorlesungen in Berkeley vortrug.[104] In ihnen versuchte er zu verdeutlichen, was es heiße, etwas Wahres zu sagen. Parrhesia *(von griech. pan = alles und rhema = das Gesagte)* bedeutet freie Rede, gewagtes Sprechen, einem Menschen oder vor einer Gruppe von Menschen mit beträchtlichem Risiko seine Meinung zu sagen. Die Griechen – so Foucault – hätte nicht nur das Problem der Wahrheit, sondern mehr noch die Frage interessiert, wer ein *Wahrheitssprecher* (parrhesiastes) sei und woran man ihn erkennen könne. So seien Sophisten[105] – Philosophen, die vieles richtig wissen und sagen – noch längst keine Wahrheitssprecher. Denn bei ihrem Wissen habe es sich um ein Wissen rein instrumenteller Natur gehandelt. Sie hätten nämlich ihre Lehre verkauft, unabhängig davon, zu welchen Zwecken dieses Wissen eingesetzt wurde. Demgegenüber erfordere die *parrhesia* Mut, jemand anderem – zum Beispiel einem Vorgesetzten oder aber auch einem Freund, dessen Anerkennung man verlieren könnte – offen seine Meinung zu sagen. Ein Tyrann könne *parrhesia* gar nicht anwenden, da er kaum ein Risiko während seiner Sprechtätigkeit eingehe.

Denken und Leben stünden beim Wahrheitssprecher in einem unmittelbaren risikoreichen Zusammenhang. Sokrates sei ein solcher Wahrheitssprecher gewesen: *Sokrates ist in der Lage, vernünftige, ethisch wertvolle, geistreiche und schöne Reden zu benutzen; aber im Gegensatz zum Sophisten kann er parrhesia gebrauchen und frei sprechen, weil das, was er sagt, genau mit dem übereinstimmt, was er denkt, und das, was er denkt, genau mit dem übereinstimmt, was er tut. Und so kann Sokrates – der wirklich frei und tapfer ist – als eine parrhesiastische Figur fungieren.* (DW 102) Sokrates Leistung sei nicht so sehr gewesen, dass er seine Gesprächspartner dazu aufforderte, über die Richtigkeit bestimmter Definitionen nachzudenken – z. B. Was ist Mut? Was ist Gerechtigkeit? –, sondern dass er sie ständig dazu aufforderte, mitzubedenken, welche Auswirkungen die Annahme einer bestimmten Meinung für ihr Leben hätte. Wollten sie die Konsequenzen ihrer Positionen auf sich nehmen? Der Gesprächspartner werde von Sokrates im Dialog Laches dazu geführt: *›Rede zu stehen – didonai logon (...) – über sich selbst, auf welche Weise er jetzt lebt und auf welche Weise er das vorige gelebt hat.‹(187e-188a)* (DW 97)[106] Es sei also Sokrates immer um die Frage gegangen, ob jemand *imstande ist, zu zeigen, dass es eine Beziehung gibt zwischen dem vernünftigen Diskurs, dem logos, den man zu gebrauchen weiß, und der Weise, wie man lebt.* (DW 98)

# Anhang

## Glossar

### Ästhetik der Existenz

Eine in der Antike in (höheren) Kreisen praktizierte Freiheitsmoral als Kunst, seinem Leben einen Stil zugeben. Dieser Stil legte die Modalitäten des Gebrauchs der Lüste in Rücksicht auf die verschiedenen Variablen (Bedürfnis, Augenblick, Stand) fest. Ästhetik der Existenz bezeichnet die Arbeit, die das Individuum an sich selber vornehmen muss, um über sich einen Sieg zu erringen. *(D)ie Suche nach einer Ethik der Existenz (...) war in der Antike in der Hauptsache ein Bemühen, seine Freiheit zu behaupten und seinem eigenen Leben eine bestimmte Form zu geben, in der man sich anerkennen und von den anderen anerkannt werden konnte, und sogar die Nachwelt konnte sich daran ein Beispiel nehmen.* (DE IV, 904) Foucaults Ethik der Selbstsorge ist nicht mit Egoismus und Selbstliebe zu verwechseln, sondern bewahrt stets den Bezug zu anderen. Die Ästhetik der Existenz zielt im Unterschied zur *platonischen und christlichen Hermeneutik des Subjekts* nicht auf die Dechiffrierung des Selbst. Sie versucht im Subjekt keine Wahrheit zu entdecken (Bin ich lüstern, sündig, verderbt usw.?), sondern *(...) das Subjekt mit einer Wahrheit auszurüsten, die es nicht bereits kannte und die nicht bereits in ihm vorhanden war.* (DE IV, 434) Foucault hält es *(...) nicht für erforderlich, genau zu wissen, was ich bin. Das Wichtigste im Leben und in der Arbeit ist, etwas zu werden, das man am Anfang nicht war.* (DE IV, 960)

### Archäologie

Archäologie und Genealogie sind Methodologien, die sich von der traditionellen Geschichtswissenschaft unterscheiden. Unter einer archäologischen Diskursanalyse ist eine Untersuchung der fundamentalen Codes einer Kultur, eines Zeitabschnitts zu verstehen. Zu diesen gehören alle historischen Aprioris, unbewusste Fundamente der Erkenntnisse zusammengefasst in dem Begriff der *episteme* einer Wissenskultur. Zur Ermittlung der historischen Aprioris genügt es nicht, sich nur mit der Philosophie auseinanderzusetzen. Vielmehr müsse alles gelesen werden: philosophische, wissenschaftliche Texte, Verordnungen, Literatur usw. *(D)ie Archäologie (ist) im strengen Sinne (...) die Wissenschaft dieses Archivs.* (DE I, 646)

# Bio-Politik

Bevölkerungspolitik seit dem 18. Jahrhundert: Macht, die Lebensäußerungen formt, erzeugt und erst hergestellt (Produktivität der Macht). Während sich die Disziplinarmacht an das einzelne Individuum und seinen Körper wendet, bezieht sich die Bio-Macht auf das Wohl der Bevölkerung, das heißt sie arbeitet mit Statistiken und flächendeckenden Maßnahmen: zum Beispiel Impfungen, Städtesanierungen, Bau von Arbeitersiedlungen, Einrichtung von Fürsorgeinstrumenten, Analyse von Geburtenraten usw. Es handelt sich bei der Bio-Macht um eine *regulierende Lebenstechnologie* im Gegensatz zur *disziplinären Körpertechnologie* der Disziplinarmacht. Die alte Souveränitätsmacht definierte sich über das Recht über Leben und Tod entscheiden zu können. Es war das Recht, sterben zu machen oder leben zu lassen. Bei der Bio-Macht ist es genau umgekehrt: Sie definiert sich darüber, leben zu machen und sterben zu lassen. Foucaults Konzept der Bio-Macht wurde von dem italienischen Philosophen Giorgio Agamben in dem Werk *Homo sacer. Die souveräne Macht und das nackte Leben* aufgegriffen und weiter ausgeführt.

# Diskurstheorie

Diskurs, franz. *Discours, vom lat. discurrere – auseinanderlaufen, zugleich auch hin- und herlaufen.* Den Diskurs kennzeichnet Unruhe und Gefährlichkeit. Ein Diskurs ist ein Ensemble aus sprachlichen Zeichen, Polemik und Strategie. Im Gegensatz zum Strukturalismus, der Transformationsgesetze und Beziehungen zwischen den Aussagen verschiedener Diskurse allein auf der sprachlichen Ebene untersucht, ist für Foucault die Diskurspraxis in den Rahmen einer bestimmten sozialen Praxis und Strategie einzubetten. Wem nutzt ein bestimmter Diskurs, zu welchem Zweck wird er betrieben? Diskurse geben eine Ökonomie vor, was gedacht und gesagt werden darf. *Ich setze voraus, dass in jeder Gesellschaft die Produktion des Diskurses zugleich kontrolliert und kanalisiert wird – und zwar durch gewisse Prozeduren, deren Aufgabe es ist, die Kräfte und die Gefahren des Diskurses zu bändigen und, sein unberechenbares Ereignishafte zu bannen, seine schwere und bedrohliche Materialität zu umgehen.*[107] Nach Jochen Hörisch lautet die Leitfrage von Foucaults Diskurstheorie: *Wer darf in wessen Namen und mit welchen Folgen was wie zu wem sagen?*[108] Der Diskurs ist Unruhe und Ordnungsmuster zugleich. Seine Materialität neigt zum Wuchern und zu einer Gefahr, die gebannt werden muss.

## Dispositiv

Mechanismus, der bestimmte Phänomene bzw. Diskurse erst konstruiert (Sexualität, Strafsystem, Gefängnis), um anhand ihrer machtpolitische Entscheidungen (Aussortieren, Bestrafen) zu fällen, auch Sitzordnungen, Redeordnungen können ein Machtdispositiv darstellen. *Was ich unter diesem Titel* (Dispositiv R.R.) *festzumachen versuche, ist erstens ein entschieden heterogenes Ensemble, das Diskurse, Institutionen, architekturale Einrichtungen, reglementierende Entscheidungen, Gesetze, administrative Maßnahmen, wissenschaftliche Aussagen, philosophische, moralische oder philanthropische Lehrsätze, kurz: Gesagtes ebensowohl wie Ungesagtes umfasst. Soweit die Elemente des Dispositivs. Das Dispositiv selbst ist das Netz, das zwischen diesen Elementen geknüpft werden kann.* (DM 119f) Dispositive werden *erfunden*, um einem sozialen Notstand zu begegnen. Sie bezeichnen das Ensemble all der Mechanismen, um einer Krise Herr zu werden bzw. die Macht zu behalten.

## Disziplinargesellschaft

Begriff Foucaults für die Erziehungsaktion in der modernen Gesellschaft. Foucault nennt die Moderne das Zeitalter der Kontrolle oder auch der sozialen Orthopädie.[109] Bei Bestrafungen gehe es nicht mehr um die Vergeltung einer konkreten Tat, sondern um Umerziehung des Täters. Die Individuen werden nicht mehr nur im Hinblick auf ihr tatsächliches Verhalten gestraft, sondern auf ihr potentielles Verhalten und Gefährdungspotential hin *geprüft*. Nicht mehr »Ist das getan worden? Wer hat es getan?« wird gefragt, sondern »Handelt es sich um gefährliche Menschen?« Der Grund für diese Verschiebung liegt im 18. Jahrhundert: Die Form des Reichtums veränderte sich in der Industriegesellschaft, er liegt nun in stofflicher Gestalt offen vor Augen (Vorräte, Rohstoffe, Waren, Maschinen etc.) und muss vor Diebstahl geschützt werden. Das Panoptikum Benthams wird Foucault zum Sinnbild der umfassenden Kontrolle nicht nur im Gefängnis, sondern in fast allen Institutionen (Schule, Fabrik, Armee, Krankenhaus usw.). Überall wird geprüft, ob der Arbeiter, Patient, Schüler, Delinquent der Norm entspricht und ob er Fortschritte gemacht, ob er sich gebessert hat oder nicht. Dabei gilt es immer zu beachten, dass Foucault keinesfalls der Meinung war, dass unsere Gesellschaft normiert, diszipliniert und therapiert sei: *Wenn ich von der ›Disziplinargesellschaft‹ spreche, dann darf man das nicht im Sinne einer ›disziplinierten Gesellschaft‹ verstehen. Wenn ich von der Ausbreitung der Methoden der Disziplin spreche, dann nicht, um zu behaupten, dass ›die Franzosen gehorsam sind‹.* (DE IV, 20)

# Ereignis

Begriff Foucaults, um sich vom Strukturalismus, der Phänomenologie und geschichtsphilosophischen Modellen (Hegel, Marx) zu unterscheiden. Ein Ereignis ist eine reine Singularität, es lässt sich zwar in ein historisches Kausalnetz einordnen, besitzt darüber hinaus jedoch eine letztlich unableitbare Einzigartigkeit. Ereignisse können von unterschiedlichem Typus sein: ein neuer wissenschaftlicher Diskurs (zum Beispiel die Veränderung der Episteme von der Klassik zur Moderne), das Auftauchen des Wahnsinns in der modernen abendländischen Welt, die Erfindung der Sexualität im 19. Jahrhundert, eine technische Erfindung wie die Dampfmaschine, eine Epidemie usw. *Mit Ereignis ist nicht eine Entscheidung, ein Vertrag, eine Regierungszeit oder eine Schlacht gemeint, sondern die Umkehrung eines Kräfteverhältnisses, der Sturz einer Macht, die Umfunktionierung einer Sprache und ihre Verwendung gegen die bisherige Sprache, die Schwächung, die Vergiftung einer Herrschaft durch sie selbst, das maskierte Auftreten einer anderen Herrschaft.*[110]

# Genealogie

Von einer Ideengeschichte, wonach Ideen aus Ideen abgeleitet werden, strikt zu unterscheidendes historisches Verfahren. Die Genealogie spürt Verästelungen von Machtstrategien nach, die zur Herausarbeitung eines Diskurses führen. Sie ist eine historiographische Methode der Erinnerung an die historischen Kämpfe, in denen ein bestimmtes Wissen aus bestimmten Machtstrategien heraus entwickelt wurde. Wichtig ist der Gedanke der Dezentralität. Die Genealogie entwickelt die jeweils herrschenden Diskursformen aus mannigfaltigen Ursprüngen heraus, gesellschaftsübergreifende Prozesse wie Modernisierung und Rationalisierung werden als zu global vermieden. Die Genealogie antwortet auf ein bestimmtes aktuelles gesellschaftliches Problem mit der Rekonstruktion der Ursprünge zentraler Parameter, Diskursformen, Praktiken, die in den Umkreis des Problems gehören (beim Gefängnis die sozialen Unruhen, die die Strafform der öffentlichen Marter häufig hervorriefen). *Genealogie heißt, dass ich die Analyse von einer gegenwärtigen Frage aus betreibe.* (DE IV, 831) Die historische Herleitung desubstanzialisiert das Problem (z. B. Gefängnisstrafe) und macht implizit darauf aufmerksam, dass es auch hätte anders gelöst werden können.

## Gouvernementalität

Gouvernementalität (gouvernementalité) bezeichnet die politische Rationalität, die in vielfältiger Weise in Anwendung gebracht wird, um zugleich dem Leben des Einzelnen sowie der Stärke des Staates förderlich zu sein. Neologismus Foucaults, zusammengesetzt aus *gouverner = regieren, lenken* und *mentalité =Denkweise*, um bei der Machtanalyse von der einseitigen Fixierung auf den Staat wegzukommen. Es gibt die Gouvernementalität des Familienvaters, des Leiters eines Klosters, des Erziehers usw. Gouvernementalität ist eine Regierungskunst, die Menschen nicht einfach zu unterwerfen, sondern sie zu regieren und zu führen. Der Regent wendet sich nicht immer direkt an die zu Regierenden (mittels Lob, Strafe, Drohungen), sondern richtet die komplexen Zusammenhänge so ein, dass sich die Akteure im Kraftfeld seiner Macht »eigenständig« bewegen. So kommt es kaum zu einer offenen Kraftprobe mit der Macht. Ohne Gouvernementalität, das heißt die Kunst, die Menschen auf einer unteren Ebene zu führen (Familie, Schule, Beruf), gibt es auch keine größeren Machtstrukturen (Staat, Demokratie, Faschismus). Die neuzeitliche Gouvernementalität schließt sich an die Pastoralmacht des Mittelalters an, nur dass das »Heil« des Individuums jetzt irdisch gefasst wurde: Gesundheit, Leben, Sicherheit, Produktivität, Reichtum etc. Laut Foucault erleben wir heute eine Krise der Gouvernementalität, da sämtliche Prozeduren, mit denen die Menschen einander führen, in Frage gestellt seien.

## Herrschaft

Von der Macht zu unterscheiden! Machtbeziehungen in der Familie, Arbeit, Gesellschaft sind auf beiden Seiten veränderbar. Im Gegensatz dazu legt eine Herrschaftsbeziehung strikt das Muster fest und lässt in den Machtbeziehungen keine Spielräume mehr zu: Kolonialmacht, Sexualmacht der Männer in bestimmten historischen Phasen, die Macht der Psychiatrie: *(D)ie psychiatrische Macht ist Herrschaft, Versuch, in ihren Bann zu schlagen.* (MP 251) In Herrschaftsbeziehungen sind die Machtbeziehungen durch den Einsatz bestimmter Instrumente, Strategien erstarrt und blockiert, zum Beispiel bei der Aufrechterhaltung der Herrschaft der Klassenmacht der Bourgeoisie im 19. Jahrhundert. Hat man Herrschaftsbeziehungen abgestreift (Sinn der Emanzipation, die Foucault befürwortet), stellt sich die weitergehende Frage nach der Ausgestaltung der Machtbeziehungen = Sorge um sich. Zum Beispiel in Bezug auf die Sexualität: *Im Bereich der Sexualität geht es, indem man sein Begehren befreit, darum, zu wissen, wie man sich zu anderen in den Beziehungen der Lust ethisch zu verhalten hat.* (DE IV, 879)

# Kritik

Kritik definiert Foucault im Rückgriff auf Kants *Ausgang aus der Unmündigkeit* als den Willen *nicht dermaßen, nicht von denen da, nicht um diesen Preis regiert zu werden.* (WK 52) In dem Aufsatz *Was ist Kritik? Ein Essay über Foucaults Tugend*[111] führt die amerikanische Philosophin Judith Butler Foucaults Kritik-begriff weiter aus. Widerstand heiße bei Foucault keinesfalls Anarchie, sondern Kritik an ganz bestimmten Personen und Mächten. Seine Frage lautet: *Wie ist es möglich, dass man nicht derartig, im Namen dieser Prinzipien da, zu solchen Zwecken und mit solchen Verfahren regiert wird – dass man nicht so und nicht dafür und nicht von denen da regiert wird? (WK 11f)* Dabei könne sich das Sub-jekt nicht auf moralische Universalismen wie Menschenrechte, Würde, Ratio usw. berufen, sondern es komme bei der Kritik auf Erfindungsreichtum und gewagte – das Subjekt transformierende Gedanken – auf Seiten der Widerstand-leistenden an.

# Macht

*Die Macht gibt es nicht.* (DM, 126) Die Macht ist keine Substanz bzw. kein *unheil-volles Fluidum* (DE IV, 929), das sich über den Gesellschaftskörper ausbreitet, sondern Potenz, die Handlungen anderer zu bestimmen. Macht ist eine Bezie-hung, ein bestimmter Typ von Beziehung zwischen Individuen, der sich von an-deren Typen (Produktion, Kommunikation, Austausch) unterscheiden lässt. Kennzeichnendes Merkmal der Macht ist, dass einige Menschen mehr oder we-niger umfassend die Führung über andere Menschen haben. Es gibt keine Macht ohne potentielle Verweigerung und Aufruhr. *Wo es Macht gibt, gibt es Widerstand.* (WW 116) Wo kein Widerstand mehr möglich ist, handelt es sich um keine Macht mehr. Wichtig ist zu erkennen, wie Macht rationalisiert wird. Foucault betont den produktiven pastoralen (helfen wollenden, nur gut meinenden) Charakter der modernen Macht. Gerade deshalb lässt sich die moderne, über die Humanwis-senschaften argumentierende Macht so schwer fassen. Denn sie lässt sprechen, handeln usw. Sie stachelt eher zur Identitätsfindung und Betätigung an, anstatt das Individuum in seiner Entfaltung zu unterdrücken. Deshalb nützt es wenig, einer sowohl individualisierend wie totalitär wirkenden Staatsmacht das Indivi-duum und dessen Interessen entgegenzusetzen. Vielmehr kommt es laut Foucault darauf an, das vorliegende Individuum zu transformieren: Ästhetik der Existenz, Arbeit am Selbst, Geistigkeit.

## Machtanalyse

Foucault interessiert nicht, *was* Macht ist und *woher* sie kommt, sondern *wie* sie sich vollzieht und *wie* sie ausgeübt wird. *Die Analyse der Machtmechanismen ist keine allgemeine Theorie dessen, was Macht ist. Vielmehr geht es darum zu wissen, wo, zwischen wem und wem, auf welcher Weise und zu welchem Zweck ... sie ablaufen. (...) (wobei die Macht keine Substanz oder ein flüssiger Stoff wäre, sondern ein Zusammenspiel von Mechanismen mit der Aufgabe der Machterhaltung).*[112]

## Mikrophysik der Macht

Macht basiert auf einer den individuellen Körpern einverleibten Disziplinarmacht. Erst auf den so dressierten Körpern kann sich der »freie« Diskurs einer demokratischen Öffentlichkeit abheben: *Die Mikrophysik der Macht ist omnipräsent, sie äußert sich in vielen unscheinbaren, aber hoch wirksamen Disziplinartechniken der Institutionen, in denen wir uns bewegen: Familie, Kindergarten, Schule, Clique, Verein, Arbeitsgruppe, Partei etc., überall wirken mehr oder minder feine Disziplinierungsmechanismen auf Körperhaltung, Gestik, Mimik, Tonfall, Bewegung ein, um auf diese Weise die gesellschaftliche Funktion und das gesellschaftliche Überleben dieser Institution sicherzustellen.*[113]

## Parrhesia

Von griech. *pan* (alles) und *rhema* (das Gesagte), bedeutet ungeschützt seine Meinung zu sagen, frank und frei zu sprechen, Kritik zu üben nach dem Wahlspruch: Ich bin derjenige, der dieses und jenes denkt, auch wenn ich dadurch Nachteile riskiere. Parrhesia bezeichnet eine Praktik der Übereinstimmung zwischen Denken (Logos) und Leben.

## Pastoralmacht

Besondere christlich-religiöse Machtbeziehung zwischen einem Hirten und seiner Herde, die sich am Heil der ganzen Herde sowie jedes einzelnen Schafes definiert, das heißt nicht nur am Nutzen- und Erfolgsprinzip für die Gemeinschaft interessiert ist, sondern jedes Individuum der Gemeinde in seiner Entwicklung, Besserung, Verfehlung in den Blick nimmt. Ursprünglich ausgerichtet auf das jenseitige Seelenheil, säkularisierte sich im Abendland die ehemalige

Pastoralmacht zur Bio-Macht. Bei dieser Transformation im 16. und 17. Jahrhundert spielte die Lehre der Staatsraison und die Polizeitheorie die wesentliche Rolle. Das Ziel der Staatsraison ist die Stärkung des Staates selbst, wozu man konkretes, präzises und genaues Wissen über die Bevölkerung und die sonstigen Ressourcen des Staates benötigt. Die Polizei sollte ursprünglich umfassendere Aufgaben erfüllen als wir dies heute kennen, nämlich eine moralische Rolle in der Erziehung der Bürger einnehmen. Aus diesen Verschiebungen entstand die moderne Bio-Macht als gesundheitliches Überwachungs-, Norm- und Vorsorgesystem.

## Subjekt

Das den Erkenntnistheoretikern Descartes und Kant vorschwebende neutrale Subjekt, das *zu sehen, zu erfassen und zu vergleichen vermag, was in der äußeren Welt geschieht* (DE II, 776), ist keineswegs immergültig und gleich, sondern historisch wandelbar. *Als Erstes denke ich tatsächlich, dass es kein souveränes, stiftendes Subjekt, keine Universalform Subjekt gibt, die man überall wieder finden könnte. (...) Ich denke im Gegenteil, dass das Subjekt durch Praktiken der Unterwerfung oder, auf autonomere Weise durch Praktiken der Befreiung, der Freiheit konstituiert wird, wie in der Antike, selbstverständlich ausgehend von einer gewissen Anzahl von Regeln, Stilen, Konventionen, die man im kulturellen Milieu vorfindet.* (DE IV, 906) Das moderne Subjekt wird zu effizientem Verhalten angehalten und setzt sich entsprechende Maßstäbe. Es lernt sich ständig selbst zu kontrollieren und zu überprüfen. Es setzt sich in Beziehung zu Normen und Werten, denen es glaubt, folgen zu müssen, weil es so von der gesellschaftlichen Ordnung, wissenschaftlichen Imperativen oder sozialen Autoritäten gefordert wird. Für Foucault ist das Subjekt Ergebnis eines Unterwerfungsprozesses: In dem französischen Wort *assujettisement*, steckt sowohl *assujetir* = jemanden unterwerfen als auch *sujet* (Subjekt). Subjekt heißt immer auch Untertan. Es beschreibt sich irgendwann selbst gemäß den über es verfassten Zuschreibungen und Gutachten. *Ein ungeheures Werk, zu dem das Abendland Generationen gebeugt hat (...): die Subjektivierung der Menschen, das heißt ihre Konstituierung als Untertanen/Subjekte.* (WW 78) Foucault glaubt nicht an durchgängige Identitäten. So könne man sich in dem einen Bereich zum Bespiel als politisches Subjekt, das bei einer Versammlung das Wort ergreift, anders verhalten als im anderen, zum Beispiel als Familienvater oder Liebhaber. Das Subjekt ist keine Substanz, sondern eine – allerdings nicht mit sich selbst identische – Form.

## Subjektivierung

Unter Subjektivierung versteht Foucault *den Prozess (…), durch den man die Konstitution eines Subjekts, genauer, einer Subjektivität erwirkt, die offensichtlich nur eine der gegebenen Möglichkeiten zur Organisation eines Selbstbewusstseins ist.* (DE IV, 871) Subjektivierung bezeichnet die »Unterwerfungsweise« (GL 121), die sich ein Individuum zur Steuerung seines Lebens auferlegt.

## Transformation

Zentralbegriff Foucaults. Das Neue entsteht aus Veränderungen in einem Beziehungsgeflecht. Foucault spricht von der Transformation von Ordnungen ebenso wie von Überzeugungen und Regelsystemen. Mitunter genügen kleinere Veränderungen, um etwas völlig Neues zu schaffen. Transformationen sind jederzeit sowohl bei Individuen, wie Gesellschaftskörpern und Diskurssystemen möglich.

## Wahrheit

*Die Wahrheit ist ein Mehr an Kraft, so wie sie sich nur von einem Kräfteverhältnis aus entfaltet.*[114] Im Streit zwischen den Sophisten, für die es keine objektive Wahrheit gab, und Sokrates bzw. Platon schlägt sich Foucault eindeutig auf die Seite der Sophisten. In einer Diskussion gehe es darum zu gewinnen: *Reden heißt, Macht ausüben; reden heißt, seine Macht zu wagen; sprechen heißt siegen oder alles verlieren können.* (DE II, 778) Gibt es nicht nur die eine Wahrheit, so ist deswegen jedoch nicht gleich auf den Wahrheitsbegriff insgesamt zu verzichten. *Ich glaube zu sehr an die Wahrheit, um nicht anzunehmen, dass es verschiedene Wahrheiten und verschiedene Weisen gibt, sie auszusprechen.*[115] Unter Wahrheit versteht Foucault *nicht ›die Gesamtheit der wahren Dinge, die es zu entdecken oder annehmbar zu machen gilt‹(…), sondern ›die Gesamtheit der Regeln, denen entsprechend man das Wahre vom Falschen scheidet und man mit dem Wahren spezifische Machteffekte verbindet‹.* (DE III, 151) Falsifikationen eliminieren nach Foucault nicht die Irrtümer, um eine immer schon feststehende Wahrheit aus ihrem Schatten endlich heraustreten zu lassen, sondern sie regen dazu an, durch Modifikationen neue Wahrheitsmuster zu entwickeln. Sie können zu neuen Weisen führen, Wahrheiten auszusprechen. Immer muss man sich bei der Produktion von Wahrheit an bestimmte Regeln, Strategien halten, (die man jedoch auch während des Spiels verschieben und verändern kann), und in diesem Sinne versteht Foucault das Wort *Wahrheitsspiele.* Gegenwärtig dominieren im Wahrheitsspiel fast ausschließlich die Experten; Gutachten, Beiträge von »neutralen« Wissenschaftlern, die als wahrheitsfähig gelten. Foucault bezweifelt die Neutralität des Experten-Wissens, da es wie jedes Wissen Macht-Wissen sei.

# Siglen

A = Die Anormalen

AW = Die Archäologie des Wissens

DE = Schriften, Dits et Ecrits (4 Bände)

DM = Dispositive der Macht

DS = Die Sorge um sich

GG = Geschichte der Gouvernementalität (2 Bände)

GK = Die Geburt der Klinik

GL = Der Gebrauch der Lüste

HS = Hermeneutik des Subjekts

MP = Die Macht der Psychiatrie

OD = Die Ordnung der Dinge

TS = Technologien des Selbst

ÜS = Überwachen und Strafen

VG = In Verteidigung der Gesellschaft

WG = Wahnsinn und Gesellschaft

WK = Was ist Kritik?

WW = Der Wille zum Wissen

# Bibliographie

## Von Foucault

*Foucault, Michel,* Von der Freundschaft, Berlin o. J.

*Foucault, Michel,* Psychologie und Geisteskrankheit, Frankfurt am Main 1968

*Foucault, Michel,* Die Ordnung des Diskurses, Frankfurt am Main, Berlin, Wien, 1970

*Foucault, Michel,* Die Ordnung der Dinge, Frankfurt a. Main 1974

*Foucault Michel,* Mikrophysik der Macht, Michel Foucault Über Strafjustiz, Psychiatrie und Medizin, Berlin 1976

*Foucault, Michel, Deleuze, Gilles,* Der Faden ist gerissen, Berlin 1977

*Foucault, Michel,* Der Wille zum Wissen, Sexualität und Wahrheit 1 Frankfurt am Main 1983

*Foucault, Michel,* Der Gebrauch der Lüste, Sexualität und Wahrheit 2 Frankfurt a. Main 1984

*Foucault, Michel,* Die Sorge um sich, Sexualität und Wahrheit 3 Frankfurt am Main 1984

*Foucault, Michel,* Vom Licht des Krieges zur Geburt der Geschichte, Berlin 1986

*Foucault, Michel,* Von der Subversion des Wissens, Frankfurt am Main 1987

*Foucault, Michel,* Für eine Kritik der Politischen Vernunft, in lettre international 1/1988

*Foucault, Michel,* Was ist Kritik?, Berlin 1992

*Foucault, Michel,* Technologien des Selbst, Herausgegeben von Luther H. Martin, Huck Gutman und Patrick H. Hutton, Frankfurt am Main 1993

*Foucault, Michel,* Leben machen und sterben lassen, in Lettre international 1/93

*Foucault, Michel,* Der Staub und die Wolke, Bremen 2. Auflage 1993

*Foucault, Michel,* Der Mensch ist ein Erfahrungstier. Gespräch mit Ducio Tromadori, Frankfurt am Main 1996

*Foucault, Michel,* Diskurs und Wahrheit, Berlin 1996

*Foucault, Michel,* Die Geburt der Klinik. Eine Archäologie des ärztlichen Blicks, Frankfurt am Main 5. Auflage 1999

*Foucault, Michel,* In Verteidigung der Gesellschaft, Frankfurt a. Main 1999

*Foucault, Michel,* Das Leben der infamen Menschen, Berlin 2001

*Foucault, Michel,* Dits et Ecrits Schriften, Bd. 1, Frankfurt am Main 2001

*Foucault, Michel,* Dits et Ecrits Schriften, Bd. 2, Frankfurt am Main 2002

*Foucault, Michel,* Dits et Ecrits Schriften, Bd. 3, Frankfurt am Main 2003

*Foucault, Michel,* Dits et Ecrits Schriften, Bd. 4, Frankfurt am Main 2005

*Foucault, Michel,* Die Ordnung des Diskurses, 9. Auflage, Frankfurt am Main 2003

*Foucault, Michel,* Der anthropologische Zirkel, Berlin 2003

*Foucault, Michel,* Die Anormalen, Frankfurt am Main 2003

*Foucault, Michel,* Die Wahrheit und die juristischen Formen, Frankfurt am Main 2003

*Foucault, Michel,* Geschichte der Gouvernementalität I, Sicherheit, Territorium, Bevölkerung, Frankfurt am Main 2004

*Foucault, Michel,* Geschichte der Gouvernementalität II, Die Geburt der Biopolitik, Frankfurt am Main 2004

*Foucault, Michel,* Hermeneutik des Subjekts, Frankfurt am Main 2004

*Foucault, Michel,* Die Heterotopien. Der utopische Körper. Zwei Radiovorträge, Frankfurt am Main 2005

## Über Foucault

Baudrillard, Jean, Oblier Foucault, München 1978

Biebricher, Thomas, Selbstkritik der Moderne Foucault und Habermas im Vergleich, Frankfurt am Main 2005

Bröckling, Ulrich, Krasmann, Susanne, Lemke, Thomas (Hg.), Gouvernementalität der Gegenwart, Studien zur Ökonomisierung des Sozialen, Frankfurt am Main 2000

Chlade, Marvin, Dembrowski, Gerd (Hg.), Das Foucaulsche Labyrinth. Eine Einführung, Aschaffenburg 2002

Eribon, Didier, Michel Foucault Eine Biographie, Frankfurt am Main 1993

Ewald, Francois, Waldenfels, Bernhard (Hg.), Spiele der Wahrheit, Michel Foucaults Denken, Frankfurt am Main 1981

Gehring, Petra, Foucault – Die Philosophie im Archiv, Frankfurt am Main 2004

Gente, Peter, Paris, Heidi, Weinsmann, Martin (Hg.), Michel Foucault Short Cuts 3, Frankfurt am Main 2004

Honneth, Axel; Saar, Martin (Hg.), Michel Foucault, Zwischenbilanz einer Rezeption Frankfurter Foucault-Konferenz 2001, Frankfurt am Main 2003

Kleiner, Marcus S. (Hg.), Michel Foucault Eine Einführung in sein Denken, Frankfurt / New York 2001

Magiros, Angelika, Foucaults Beitrag zur Rassismustheorie, Hamburg, Berlin 1995

Martin, Luther H., Gutman, Huck, Hutton, Patrick H. (Hg.), Technologien des Selbst, Frankfurt a. Main 1993

Maset, Michael, Diskurs, Macht, Diskurs und Geschichte Foucaults Analysetechniken und die historische Forschung, Frankfurt/New York 2002

Miller, James, The Passion of Michel Foucault, New York 1993

Schmid, W., Michel Foucault, in Volpi, Franco (Hg.), Großes Werklexikon der Philosophie Bd. 1, Stuttgart 1999

Sloterdijk, Peter (Hg.), Philosophie jetzt, Foucault Ausgewählt und vorgestellt von Pravu Mazumdar, München 1998

Schneider, Ulrich Johannes, Michel Foucault, Darmstadt 2004

Taureck, Bernhard H.F., Michel Foucault, Reinbek bei Hamburg 1997

## Sonstige

Altwegg, Jürg, Schmidt, Aurel, Französische Denker der Gegenwart, zwanzig Porträts, München 1987

Borck, Cornelius, Hess, Volker, Schmidgen, Henning (Hg.), Maß und Eigensinn, Studien im Anschluss an Georges Canguilhem, München 2005

Canguilhem, Georges, Das Normale und das Pathologische, München 1974

Deleuze, Gilles, Guattari, Felix, Anti-Ödipus, Frankfurt a. M. 1974

Derrida, Jacques, Cogito und Geschichte des Wahnsinns, in ders., Die Schrift und die Differenz, Erste Auflage 1976

Frank, Manfred, Was ist Neostrukturalismus?, Frankfurt am Main 1983

Frank, Manfred (Hg.) Selbstbewusstseinstheorien von Fichte bis Sartre, Frankfurt am Main 1991

Fraser, Nancy, Widerspenstige Praktiken, Macht, Diskurs, Geschlecht, Frankfurt am Main 1994

Habermas, Jürgen, Der philosophische Diskurs der Moderne, Frankfurt am Main, 2. Auflage 1985

Hegel, Georg Wilhelm Friedrich, Enzyklopädie der philosophischen Wissenschaften Bd. III Werke 10, Frankfurt am Main 1970

Heidegger, Martin, Heraklit, Frankfurt am Main 3. Auflage 1994, GA 55

Henckmann, Wolfhardt, Lotter, Konrad (Hg.), Lexikon der Ästhetik, 2. aktualisierte und erweiterte Auflage, München 2004

Hörisch, Jochen, Theorie-Apotheke Eine Handreichung zu den humanwissenschaftlichen Theorien der letzten fünfzig Jahre, einschließlich ihrer Risiken und Nebenwirkungen, Frankfurt am Main 2004

Kafka, Franz, Der Prozess, in: Gesammelte Werke, herausgegeben von Max Brod, Taschenbuchausgabe in acht Bänden, Frankfurt am Main 1983

Kittler, Friedrich, Unsterbliche, München 2004

Nietzsche, Friedrich, Jenseits von Gut und Böse, Stuttgart 1988

Nietzsche, Friedrich, Vom Nutzen und Nachteil der Historie für das Leben, Kritische Studienausgabe KSA I, Herausgegeben von Giorgio Colli und Mazzino Montinari, 6. Auflage, München 2003

Rorty, Richard, Der Spiegel der Natur Eine Kritik der Philosophie, Frankfurt am Main 1987

Sarasin, Philipp, Reizbare Maschinen Eine Geschichte des Körpers 1765-1914, Frankfurt am Main 2001

Schmid, Wilhelm, Mit sich selbst befreundet sein, Frankfurt am Main 2004

Shorter, Edward, Geschichte der Psychiatrie, Reinbek bei Hamburg 2003

Stäblein, Ruthard, Moral, Bühl-Moos 1993

Taylor, Charles, Negative Freiheit, Zur Kritik des neuzeitlichen Individualismus, Frankfurt am Main 1988

Walzer, Michael, The Politics of Michel Foucaults, in Hoy, D.C. (Hg.), Foucault, A Critical Reader, Oxford 1986

Wiggershaus, Rolf, Jürgen Habermas, Frankfurt am Mai 2004

# Anmerkungen

[1] Taureck, H.F., Bernhard, Foucault im Kontext der französischen Philosophie, in: Chlade, Marvin, Dembrowski, Gerd (Hg.), Das Foucaultsche Labyrinth Eine Einführung, Aschaffenburg 2002, S. 178

[2] Nach einem langen Streit darüber, ob sie unter Foucaults schriftliche Anordnung fallen, dass es keine posthumen Veröffentlichungen geben solle, erschienen bisher: Il faut défendre la société. Cours au Collège de France (1975-1976) dt. In Verteidigung der Gesellschaft Frankfurt am Main 1999, Sécurité, Territoire et Population (1978), Geschichte der Gouvernementalität I, Sicherheit, Territorium, Bevölkerung, Frankfurt am Main 2004, Naissance de la biopolitique (1979) Geschichte der Gouvernementalität II, Die Geburt der Bio-Politik, Frankfurt am Main 2004, Les Anormaux. Cours au Collège de France (1981-182) dt. Die Anormalen, Frankfurt am Main 2003, L'Herméneutique du sujet. Cours au Collège de France (1981-1982), dt. Hermeneutik des Subjekts, Frankfurt am Main 2004. Die Veröffentlichung einer Vorlesungsreihe über die Kirchenväter ist in Vorbereitung.

[3] Foucault, Michel, Von der Freundschaft, Berlin o. J., S. 22

[4] *Ich möchte der Utopie lieber das Experiment entgegensetzten. Die zukünftige Gesellschaft zeichnet sich vielleicht in Experimenten wie den Drogen, der Sexualität, den Wohngemeinschaften, einem anderen Bewusstsein, einer anderen Art von Individualität ab. (DE II, 286)*

[5] Vgl. Foucault, Michel, Die Ordnung des Diskurses, 9. Auflage, Frankfurt am Main 2003, S. 45ff

[6] Ludwig Binswanger (1881-1966) von Heideggers Daseinsanalyse beeinflusster Schweizer Psychologe

[7] Foucault, Michel, Psychologie und Geisteskrankheit, Frankfurt am Main 1968, S. 105

[8] Eribon, Didier, Michel Foucault Eine Biographie, Frankfurt am Main 1993, S. 129

[9] Canguilhem, Georges, Ecrits sur la médicine zit n. Métraux, Alexandre, George Canguilhem als Architekt einer Philosophie des Lebens, in Borck, Cornelius, Hess, Volker, Schmidgen, Henning (Hg.), Maß und Eigensinn, Studien im Anschluss an Georges Canguilhem, München 2005, S. 340

[10] Ebenda, S. 341

[11] Sloterdijk, Peter (Hg.), Philosophie jetzt, Foucault Ausgewählt und vorgestellt von Pravu Mazumdar, München 1998, S. 45

[12] Foucault, Michel, Die Ordnung des Diskurses, 9. Auflage, Frankfurt am Main 2003, S. 34f

[13] Vgl. Deleuze, Gilles, Der Mensch, eine zweifelhafte Existenz, in Gilles Deleuze, Michel Foucault, Der Faden ist gerissen, Berlin 1977, S. 19.

[14] Maurice Blanchot (geb. 1907), Schriftsteller und Philosoph, beeinflusste Foucault dadurch, dass er Schweigen und Tod thematisierte, Georges Bateille (1897-1962) franz. Schriftsteller und Philosoph, entwickelte eine Philosophie der Verschwendung und des Exzesses und eine entsprechende Theorie der Religion und der Erotik.

[15] écriture automatique = automatische Schreibweise, eine von surrealistischen Schriftstellern angewandte Schreibtechnik, unter Ausschaltung der bewussten Kontrolle allein das Unbewusste oder andere Mächte sprechen zu lassen

[16] Nietzsche, Friedrich, Jenseits von Gut und Böse, Stuttgart 1988, S. 26

[17] Foucault, Michel, Die Wahrheit und die juristischen Formen, Frankfurt am Main 2003, S. 12

[18] Die Lehr- und Forschungsanstalt Collège de France wurde 1530 als Gegenmodell zur Sorbonne gegründet. Das Collège kooptiert seine Professoren ungeachtet akademischer Titel, sie nehmen keine Prüfungen ab, die zwölf Vorlesungen pro Jahr sind für jedermann frei zugänglich. Die Professoren haben nur die Verpflichtung jedes Jahr ein neues Forschungsvorhaben zu präsentieren; sie haben keine Studenten im eigentlichen Sinn, sondern Hörer, die sie nicht prüfen müssen.

[19] vgl. Miller, James, The Passion of Michel Foucault, New York 1993

[20] Aus Foucaults Sicht könnten aus einer »Schwulenkultur« Beziehungsformen, Lebensweisen und Werte entstehen, die sich auch auf heterosexuelle Paare übertragen ließen. (DE IV, 372)

[21] Salpêtrère: Pariser Krankenhaus, zunächst Besserungsanstalt, dann Krankenhaus, an dem Foucault selbst ebenso wie vor ihm schon Sigmund Freud tätig war.

[22] Vgl. Maset, Michael, Diskurs, Macht, Diskurs und Geschichte Foucaults Analysetechniken und die historische Forschung, Frankfurt/New York 2002, S. 135

[23] vgl. Diskurs in: Henckmann, Wolfhardt, Lotter, Konrad (Hg.) Lexikon der Ästhetik, 2. aktualisierte und erweiterte Auflage, München 2004, S. 72

[24] Altwegg, Jürg, Schmidt, Aurel, Französische Denker der Gegenwart, zwanzig Porträts, München 1987, S. 79

[25] Habermas, Jürgen, Der philosophische Diskurs der Moderne, Frankfurt am Main 2. Auflage 1985, S. 280

[26] Shorter, Edward, Geschichte der Psychiatrie, Reinbek bei Hamburg 2003, S. 13ff

[27] Die Herleitung der psychiatrischen Anstalten aus den Leprasorien brachte Foucault anscheinend viel Ärger ein. *Wenn Sie einem Psychiater sagen, seine Institution stamme von den Leprasorien ab, wird er fuchsteufelswild.* (DE IV, 962) Foucault bestätigt diese Reaktion, dass die Psychoanalyse eine Pseudowissenschaft sei, da sie noch nicht einmal ihre eigene Geschichte zur Kenntnis nehmen wolle.

[28] Ahnvater dieses Gedankens ist Friedrich Nietzsche. In Jenseits von Gut und Böse heißt es, dass sich die bisherige Psychologie unter die Herrschaft der Moral gestellt habe. Nietzsche, Friedrich, Jenseits von Gut und Böse, Stuttgart 1988, S. 56

[29] Foucault zit. bei Eribon, Didier, Michel Foucault Eine Biographie, Frankfurt am Main 1993, S. 159: Bei Sade wie bei Goya wacht die Unvernunft weiterhin in ihrer Nacht (...), Foucault, Michel, Der anthropologische Zirkel, Berlin, 2003, S. 61

[30] Foucault, Michel, Der anthropologische Zirkel, a.a.O., S. 62

[31] Gérard de Nerval (1808-1855) französischer Schriftsteller, Foucault befasst sich mit ihm in dem kleinen Artikel: L'obligation d'écrire (Die Verpflichtung zu schreiben)

[32] Derrida, Jacques, Cogito und Geschichte des Wahnsinns, in ders., Die Schrift und die Differenz 1976, S. 88

[33] Ebenda, S. 93

[34] Eribon, Didier, Michel Foucault Eine Biographie, Frankfurt am Main 1993, S. 182

[35] Ebenda, S, 234

[36] Comte de Lautréamont (1846-1870) franz. Dichter der Romantik

[37] Eribon, Didier, Michel Foucault Eine Biographie, a.a.O., S. 196

[38] Ebenda, S. 196

[39] Ebenda, S. 198

[40] vgl. Foucault, Michel, Die Heterotopien. Der utopische Körper, Zwei Radiovorträge, Frankfurt am Main 2005, S. 13

[41] vgl. Magiros, Angelika, Foucaults Beitrag zur Rassismustheorie, Hamburg, Berlin 1995, S. 75

[42] Kittler, Friedrich, Unsterbliche, München 2004, S. 136

[43] Der deutsche Titel entsprach einer ursprünglichen Absicht Foucaults, sein Buch entgegen dem Wunsch seines Herausgebers L'ordre des choses nennen zu wollen.

[44] Foucault, Michel, Deleuze, Gilles, Der Faden ist gerissen, Berlin 1977, S. 9

[45] David Hume (1711-1776) schottischer Philosoph, verfasste eine berühmte Kritik am Kausalitätsbegriff. Eine kausale Verknüpfung sei niemals nur aus der reinen Vernunft zu beweisen. Wir ordneten die Phänomene nach Ursache und Wirkung aufgrund des gewohnheitsmäßigen Wahrnehmens von regelmäßigen Abfolgen.

[46] vgl. Gehring, Petra, Foucault – Die Philosophie im Archiv, Frankfurt am Main 2004, S. 51

[47] Postkartennotiz 5. Januar 1965, Foucault beschließt mit diesen Worten sein Buch: Die Ordnung der Dinge (OD 462).

[48] Foucault, Michel, Von der Subversion des Wissens, Herausgegeben und aus dem Französischen und Italienischen übertragen von Walter Seiter, Frankfurt a. Main 1987, S. 24f

[49] Eribon, Didier, Michel Foucault Eine Biographie, a.a.O., S. 254

[50] Vgl. Geisenhanslüke, Achim, Literatur und Diskursanalyse in: Kleiner, Marcus S. (Hg.), Michel Foucault Ein Einführung in sein Denken, Frankfurt/New York 2001, S. 63

[51] vgl. Schmid, W. Michel Foucault, in Volpi, Franco (Hg.), Großes Werklexikon der Philosophie Bd. 1

[52] Heidegger, Martin, Heraklit, Frankfurt a. M. 3. Auflage 1994, GA 55, S. 175

53  Foucault, Michel, Die Ordnung des Diskurses, Frankfurt am Main, Berlin, Wien, 1970, S. 8

54  Taureck, Bernhard H.F., Michel Foucault, Reinbek bei Hamburg 1997, S. 30

55  Zu Foucault und Nietzsche: Ostwald, Holger, Foucault und Nietzsche, in: Kleiner, S. Marcus (Hg.) Michel Foucault eine Einführung in sein Denken, Frankfurt/Main 2001, S. 205-223

56  Foucault, Michel, Die Wahrheit und die juristischen Formen, a.a.O., S. 104ff.

57  Kafka, Franz, Der Prozess, in Gesammelte Werke, herausgegeben von Max Brod, Taschenbuchausgabe in acht Bänden, Frankfurt am Main 1983, S. 91.

58  Ebenda, S. 93

59  Für Nietzsche ist Macht überall: Die Welt sei der Wille zur Macht und nichts außerdem Und ihr selber seid dieser Wille zur Macht – und nichts außerdem! Nietzsche-Fragment aus dem Sommer 1885, KGW VII, 3, 38 (12), S. 338

60  Talion = Vergeltung von Gleichem mit Gleichem

61  In der heutigen Zeit sorge Foucault zufolge der Konsumzwang dafür, dass die Leute ohne zu Murren zur Arbeit gehen.

62  Foucault, Michel, Die Wahrheit und die juristischen Formen, a. a. O., S. 82

63  Foucault bezieht sich in diesem Zusammenhang auf Marx' Kapital, um zu zeigen, wie der »kombinierte Arbeitstag« (das Zusammenarbeiten vieler Individuen im gleichen Raum, z. B. in einer Fabrik) die Produktivkraft steigert, und dass dazu quasi-militärische Organisationsformen nötig sind. (ÜS 211)

64  Foucault, Michel, Die Wahrheit und die juristischen Formen, a. a. O., S. 85f

65  Ebenda, S. 86

66  Habermas, Jürgen, Der philosophische Diskurs der Moderne, Zwölf Vorlesungen, Zweite Auflage 1985, S. 324

67  Frank, Manfred, Was ist Neostrukturalismus? Frankfurt am Main 1983, S.237, Taylor, Charles, Foucault über Freiheit und Wahrheit, in Negative Freiheit, Zur Kritik des neuzeitlichen Individualismus, Frankfurt am Main 1988, S. 188-234, Walzer, Michael, The Politics of Michel Foucaults, in Hoy D.C. (Hg.) Foucault, A Critical Reader, Oxford 1986, S. 51-68, Fraser, Nancy, Widerspenstige Praktiken, Macht, Diskurs, Geschlecht, Frankfurt am Main 1994, S. 50

68  vgl. Wiggershaus, Rolf, Jürgen Habermas, Frankfurt am Main 2004, S. 116

69  Einen ausführlichen Vergleich – Foucault und Habermas – bietet: Biebricher, Thomas, Selbstkritik der Moderne Foucault und Habermas im Vergleich, Frankfurt am Main 2005.

70  Foucault, Michel, Die Wahrheit und die juristischen Formen, a. a. O., S. 97

71  Ebenda

72  Georges Canguilhem, Das Normale und das Pathologische, München 1974

73  Hegel, Georg Wilhelm Friedrich, Enzyklopädie der philosophischen Wissenschaften Bd. III Werke 10, Frankfurt am Main 1970, S. 162

[74] Foucault, Michel, Vom Licht des Krieges zur Geburt der Geschichte, Berlin 1986, S. 27

[75] Foucault, Michel, Die Wahrheit und die juristischen Formen, a.a.O., S. 26

[76] zit. n. Foucault, Michel, Die Wahrheit und die juristischen Formen, a.a.O., S. 15

[77] Foucault, Michel, Die Wahrheit und die juristischen Formen, a.a.O., S. 17f

[78] Foucault, Michel, Die Wahrheit und die juristischen Formen, a.a.O., S. 17

[79] Foucault, Michel, In Verteidigung der Gesellschaft, Frankfurt a. Main 1999

[80] Wie der Anthropologe Jacques Ruffié lehnt Foucault den Begriff »Rasse« in Bezug auf Menschen ab. (DE III, 127f)

[81] Foucault, Michel, Vom Licht des Krieges zur Geburt der Geschichte, a.a.O., S. 34

[82] Foucault, Michel, Vom Licht des Krieges zur Geburt der Geschichte, a.a.O., S. 10

[83] Foucault, Michel, Vom Licht des Krieges zur Geburt der Geschichte, a.a.O., S. 44f

[84] Foucault, Michel, Leben machen und sterben lassen, in Lettre international 1/93, S. 65f

[85] Foucault, Michel, Leben machen und sterben lassen, in Lettre international 1/93, S. 66

[86] Sarasin, Philipp, Reizbare Maschinen eine Geschichte des Körpers 1765-1914 Frankfurt am Main 2001, S. 461

[87] vgl. Foucault, Michel, Der Mensch ist ein Erfahrungstier, Gespräch mit Ducio Trombatori, Mit einem Vorwort von Wilhelm Schmid Mit einer Bibliographie von Andrea Hemminger, Frankfurt am Main 1. Auflage 1996, S. 118ff

[88] Foucault, Michel, Für eine Kritik der Politischen Vernunft, in lettre international 1988, Heft 1, S. 62

[89] Foucault, Michel, Für eine Kritik der Politischen Vernunft, in lettre international 1988, Heft 1, S. 66

[90] Gruppe franz. Ökonomen in der zweiten Hälfte des 18. Jahrhunderts, die in der Landwirtschaft den wichtigsten ökonomischen Faktor sah.

[91] Lemke, Thomas, Andere Affirmationen, Gesellschaftsanalyse und Kritik im Postfordismus, in: Honneth, Axel; Saar, Martin (Hg.), Michel Foucault, Zwischenbilanz einer Rezeption, Frankfurter Foucault-Konferenz 2001, Frankfurt am Main 2003, S. 272

[92] Foucault, Michel, Die ›Gouvermentalität‹ in: Bröckling, Ulrich, Krasmann, Susanne, Lemke, Thomas (Hg.), Gouvernementalität der Gegenwart, Studien zur Ökonomisierung des Sozialen, Frankfurt am Main 2000, S. 66

[93] Foucault, Michel, Für eine Kritik der Politischen Vernunft, in lettre international 1988, Heft 1, S. 66

[94] Ebenda S. 68

[95] Baudrillard, Jean, Oublier Foucault, München 1978

[96] Foucault, Michel, Nein zum König Sex, Interview aus dem Jahre 1977, in: Gente, Peter, Paris, Heidi, Weinsmann, Martin (Hg.), Michel Foucault Short Cuts,3 Frankfurt am Main 3. Auflage 2004, S. 90f

97 Den Titel Der Wille zum Wissen verstand Foucault als direkte Anspielung auf Nietzsche.

98 vgl. Miller, Jacques-Alain, Michel Foucault und die Psychoanalyse in: Ewald, Francois, Waldenfels, Bernhard (Hg.) Spiele der Wahrheit, Michel Foucaults Denken, Frankfurt am Main 1981, S. 72

99 Deleuze, G. und F. Guattari, L'Anti-Oedipe, Paris 1972, dt. Anti-Ödipus, Frankfurt a. M. 1974

100 Foucault, Michel, König Ödipus: Der Mann, der zuviel wusste, in Sloterdijk, Peter (Hg.), Philosophie jetzt, Foucault Ausgewählt und vorgestellt von Pravu Mazumdar, München 1998, S. 118

101 vgl. Foucault, Michel, Die Wahrheit und die juristischen Formen, Frankfurt am Main 2003, S.29-51

102 Hadot, Pierre, Überlegungen zum Begriff der »Selbstkultur« in: Ewald, Francois, Waldenfels Bernhard, (Hg.) Spiele der Wahrheit, Frankfurt am Main 1991, S. 221

103 in: Martin, Luther H., Gutman, Huck, Hutton, Patrick H. (Hg.), Technologien des Selbst, Frankfurt a. Main 1993, S.38f

104 Foucault, Michel, Der Mensch ist ein Erfahrungstier, Gespräch mit Ducio Tromadori, Frankfurt am Main 1996, S. 83

105 Foucault, Michel, Diskurs und Wahrheit, Berlin 1996

106 Sophisten, griechische Philosophen des 5. und 6. Jahrhunderts v. Chr., zogen als Wanderlehrer umher und ließen sich für ihren Unterricht in Philosophie, Staatskunst und Rhetorik bezahlen. Bedeutende Sophisten waren Protagoras von Abdera, Gorgias von Leontinoi, Hippias von Elis.

107 Foucault zitiert aus Platons Frühdialog Laches

108 Foucault, Michel, Die Ordnung des Diskurses, 9. Auflage, Frankfurt am Main 2003, S. 10f

109 Hörisch, Jochen, Theorie-Apotheke Eine Handreichung zu den humanwissenschaftlichen Theorien der letzten fünfzig Jahre, einschließlich ihrer Risiken und Nebenwirkungen, Frankfurt am Main 2004, S. 83

110 Foucault, Michel, Die Wahrheit und die juristischen Formen, Frankfurt a. Main 2003, S. 85

111 Foucault, Michel, Nietzsche, die Genealogie, die Historie in: Von der Subversion des Wissens, Herausgegeben und aus dem Französischen und Italienischen übertragen von Walter Seiter, Frankfurt a. Main 1987, S. 80

112 Butler, Judith, Was ist Kritik? Ein Essay über Foucaults Tugend, in: Deutsche Zeitschrift für Philosophie 2/2002

113 Foucault, Michel, Der Staub und die Wolke, Bremen 2. Auflage 1993, S. 1

114 Gugutzer, Robert Soziologie des Körpers, Bielefeld 2004, S. 64

115 Foucault, Michel, Vom Licht des Krieges zur Geburt der Geschichte, Berlin 1986, S. 15

116 Foucault, Michel, Von der Freundschaft, Berlin o. J., S. 139

# Personenregister